杭州优秀传统文化丛书
Hangzhou Youxiu Chuantong Wenhua Congshu

运河的指纹

任 轩 —— 著

杭州出版社

图书在版编目（CIP）数据

运河的指纹 / 任轩著 . -- 杭州：杭州出版社，2022.1
（杭州优秀传统文化丛书）
ISBN 978-7-5565-1709-1

Ⅰ. ①运… Ⅱ. ①任… Ⅲ. ①大运河—历史—研究—杭州 Ⅳ. ① K928.42

中国版本图书馆 CIP 数据核字 (2021) 第 278738 号

Yunhe de Zhiwen
运河的指纹
任　轩　著

责任编辑	沈　倩
装帧设计	章雨洁
美术编辑	祁睿一
责任校对	陈铭杰
责任印务	姚　霖
出版发行	杭州出版社（杭州市西湖文化广场32号6楼）
	电话：0571-87997719　邮编：310014
	网址：www.hzcbs.com
排　　版	浙江时代出版服务有限公司
印　　刷	天津画中画印刷有限公司
经　　销	新华书店
开　　本	710 mm × 1000 mm　1/16
印　　张	15
字　　数	184千
版 印 次	2022年1月第1版　2022年1月第1次印刷
书　　号	ISBN 978-7-5565-1709-1
定　　价	58.00元

（版权所有　侵权必究）

序 言

文化是城市最高和最终的价值

我们所居住的城市，不仅是人类文明的成果，也是人们日常生活的家园。各个时期的文化遗产像一部部史书，记录着城市的沧桑岁月。唯有保留下这些具有特殊意义的文化遗产，才能使我们今后的文化创造具有不间断的基础支撑，也才能使我们今天和未来的生活更美好。

对于中华文明的认知，我们还处在一个不断提升认识的过程中。

过去，人们把中华文化理解成"黄河文化""黄土地文化"。随着考古新发现和学界对中华文明起源研究的深入，人们发现，除了黄河文化之外，长江文化也是中华文化的重要源头。杭州是中国七大古都之一，也是七大古都中最南方的历史文化名城。杭州历时四年，出版一套"杭州优秀传统文化丛书"，挖掘和传播位于长江流域、中国最南方的古都文化经典，这是弘扬中华优秀传统文化的善举。通过图书这一载体，人们能够静静地品味古代流传下来的丰富文化，完善自己对山水、遗迹、书画、辞章、工艺、风俗、名人等文化类型的认知。读过相关的书后，再走进博物馆或观赏文化景观，看到的历史遗存，将是另一番面貌。

过去一直有人在质疑，中国只有三千年文明，何谈五千年文明史？事实上，我们的考古学家和历史学者一直在努力，不断发掘的有如满天星斗般的考古成果，实证了五千年文明。从东北的辽河流域到黄河、长江流域，特别是杭州良渚古城遗址以4300—5300年的历史，以夯土高台、合围城墙以及规模宏大的水利工程等史前遗迹的发现，系统实证了古国的概念和文明的诞生，使世人确信：这里是古代国家的起源，是重要的文明发祥地。我以前从来不发微博，发的第一篇微博，就是关于良渚古城遗址的内容，喜获很高的关注度。

我一直关注各地对文化遗产的保护情况。第一次去良渚遗址时，当时正在开展考古遗址保护规划的制订，遇到的最大难题是遗址区域内有很多乡镇企业和临时建筑，环境保护问题十分突出。后来再去良渚遗址，让我感到一次次震撼：那些"压"在遗址上面的单位和建筑物相继被迁移和清理，良渚遗址成为一座国家级考古遗址公园，成为让参观者流连忘返的地方，把深埋在地下的考古遗址用生动形象的"语言"展示出来，成为让普通观众能够看懂、让青少年学生也能喜欢上的中华文明圣地。当年杭州提出西湖申报世界文化遗产时，我认为是一项需要付出极大努力才能完成的任务。西湖位于蓬勃发展的大城市核心区域，西湖的特色是"三面云山一面城"，三面云山内不能出现任何侵害西湖文化景观的新建筑，做得到吗？十年申遗路，杭州市付出了极大的努力，今天无论是漫步苏堤、白堤，还是荡舟西湖里，都看不到任何一座不和谐的建筑，杭州做到了，西湖成功了。伴随着西湖申报世界文化遗产，杭州城市发展也坚定不移地从"西湖时代"迈向了"钱塘江时代"，气势磅礴地建起了杭州新城。

从文化景观到历史街区，从文物古迹到地方民居，众多文化遗产都是形成一座城市记忆的历史物证，也是一座城市文化价值的体现。杭州为了把地方传统文化这个大概念，变成一个社会民众易于掌握的清晰认识，将这套丛书概括为城史文化、山水文化、遗迹文化、辞章文化、艺术文化、工艺文化、风俗文化、起居文化、名人文化和思想文化十个系列。尽管这种概括还有可以探讨的地方，但也可以看作是一种务实之举，使市民百姓对地域文化的理解，有一个清晰完整、好读好记的载体。

传统文化和文化传统不是一个概念。传统文化背后蕴含的那些精神价值，才是文化传统。文化传统需要经过学者的研究提炼，将具有传承意义的传统文化提炼成文化传统。杭州在对丛书作者写作作了种种古为今用、古今观照的探讨交流的同时，还专门增加了"思想文化系列"，从杭州古代的商业理念、中医思想、教育观念、科技精神等方面，集中挖掘提炼产生于杭州古城历史中灵魂性的文化精粹。这样的安排，是对传统文化内容把握和传播方式的理性思考。

继承传统文化，有一个继承什么和怎样继承的问题。传统文化是百年乃至千年以前的历史遗存，这些遗存的价值，有的已经被现代社会抛弃，也有的需要在新的历史条件下适当转化，唯有把传统文化中这些永恒的基本价值继承下来，才能构成当代社会的文化基石和精神营养。这套丛书定位在"优秀传统文化"上，显然是注意到了这个问题的重要性。在尊重作者写作风格、梳理和讲好"杭州故事"的同时,通过系列专家组、文艺评论组、综合评审组和编辑部、编委会多层面研读,和作者虚心交流,努力去粗取精,古为今用,这种对文化建设工作的敬畏和温情,值得推崇。

人民群众才是传统文化的真正主人。百年以来,中华传统文化受到过几次大的冲击。弘扬优秀传统文化,需要文化人士投身其中,但唯有让大众乐于接受传统文化,文化人士的所有努力才有最终价值。有人说我爱讲"段子",其实我是在讲故事,希望用生动的语言争取听众。今天我们更重要的使命,是把历史文化前世今生的故事讲给大家听,告诉人们古代文化与现实生活的关系。这套丛书为了达到"轻阅读、易传播"的效果,一改以文史专家为主作为写作团队的习惯做法,邀请省内外作家担任主创团队,组织文史专家、文艺评论家协助把关建言,用历史故事带出传统文化,以细腻的对话和情节蕴含文化传统,辅以音视频等其他传播方式,不失为让传统文化走进千家万户的有益尝试。

中华文化是建立于不同区域文化特质基础之上的。作为中国的文化古都,杭州文化传统中有很多中华文化的典型特征,例如,中国人的自然观主张"天人合一",相信"人与天地万物为一体"。在古代杭州老百姓的认知里,由于生活在自然天成的山水美景中,由于风调雨顺带来了富庶江南,勤于劳作又使杭州人得以"有闲",人们较早对自然生态有了独特的敬畏和珍爱的态度。他们爱惜自然之力,善于农作物轮作,注意让生产资料休养生息;珍惜生态之力,精于探索自然天成的生活方式,在烹饪、茶饮、中医、养生等方面做到了天人相通;怜惜劳作之力，长于边劳动，边休闲娱乐和进行民俗、艺术创作，做到生产和生活的和谐统一。如果说"天人合一"是古代思想家们的哲学信仰，那么"亲近山水，讲求品赏"，应该是古代杭州人的生动实践，并成为影响后世的生活理念。

再如，中华文化的另一个特点是不远征、不排外，这体现了它的包容性。儒学对佛学的包容态度也说明了这一点，对来自远方的思想能够宽容接纳。在我们国家的东西南北甚至是偏远地区，老百姓的好客和包容也司空见惯，对异风异俗有一种欣赏的态度。杭州自古以来气候温润、山水秀美的自然条件，以及交通便利、商贾云集的经济优势，使其成为一个人口流动频繁的城市。历史上经历的"永嘉之乱，衣冠南渡"，"安史之乱，流民南移"，特别是"靖康之变，宋廷南迁"，这三次北方人口大迁移，使杭州人对外来文化的包容度较高。自古以来，吴越文化、南宋文化和北方移民文化的浸润，特别是唐宋以后各地商人、各大商帮在杭州的聚集和活动，给杭州商业文化的发展提供了丰富营养，使杭州人既留恋杭州的好山好水，又能用一种相对超脱的眼光，关注和包容家乡之外的社会万象。这种古都文化，也代表了中华文化的包容性特征。

城市文化保护与城市对外开放并不矛盾，反而相辅相成。古今中外的城市，凡是能够吸引人们关注的，都得益于与其他文化的碰撞和交流。现代城市要在对外交往的发展中，进行长期和持久的文化再造，并在再造中创造新的文化。杭州这套丛书，在尽数杭州各色传统文化经典时，有心安排了"古代杭州与国内城市的交往""古代杭州和国外城市的交往"两个选题,一个自古开放的城市形象,就在其中。

"杭州优秀传统文化丛书"在传统和现代的结合上,想了很多办法,做了很多努力,他们知道传统文化丛书要得到广大读者接受,不是件简单的事。我们已经走在现代化的路上,传统和现代的融合,不容易做好,需要扎扎实实地做,也需要非凡的创造力。因为,文化是城市功能的最高价值,也是城市功能的最终价值。从"功能城市"走向"文化城市",就是这种质的飞跃的核心理念与终极目标。

2020 年 9 月

(单霁翔,中国文物学会会长)

西湖雨泛图（局部）

目　录

001　　引　言

003　　西兴：古渡的风，思亲的风
016　　江南运河：白居易的最忆诗
028　　运河南端：御诗吟颂第一州
036　　江涨桥：梦中的运河地标
043　　湖墅：小市不小，九衢浩浩
053　　运河道中：片云将梦晚俱还
062　　上塘河：长河虽长通，新都非旧都
071　　北关门：功名半是愁
079　　谢村：但闻风鹤不闻鸡
094　　安溪：从古书生报国多
106　　北新桥：归逢乡井心才稳
115　　夹城八景：失传的诗和留存的词
136　　北新关：玉童齐唱懊侬歌
146　　吉祥寺：乾隆二十六年的运河雅集
157　　忠天庙：壁画引出的中外酬唱
169　　御码头：迎来送往日无休

178	塘栖：诗雨倾盆米价平
187	半山：除却西湖，一半勾留
195	拱宸桥：叮咛去楫来桡客
211	通商场：武林山色自东来的喟叹
223	参考文献

引 言

秦朝以杭州为起讫点修成陵水道,用事实验证了杭州在大一统国家中前所未有的战略地位。隋朝大运河以杭州为南起点,杭州的优势和潜能再次得到释放。此后,无论在"一撇一捺"人字形的隋唐大运河时期,还是"弃弓走弦"的京杭大运河时期,杭州都是大运河这幅恢宏历史长卷的生动落款,也是大运河这一华夏大地上壮丽史诗的诗眼所在。

历代往来杭州的诗人们和杭州本地的文人们,在杭州运河两岸留下了盈千累万、蔚为大观的诗词作品,光是《北郭诗帐》《三塘渔唱》《湖墅杂诗》等几种诗集中就有不少。与一般的自然山水景色诗词不同,运河诗词的文学价值中蕴含了更丰富的史料价值、人工意义、经济作用和市井百态等。

为此,本书以与运河杭州段密切相关的点段为切入角度和铺设场景,以所选主体诗词的作者生年为序进行编排,以点带面,以诗词引出故实,缓缓展现一轴运河文化风情图。这些点段既有河道、渡口、桥梁等直接与运河有关的水工,也有市集、村镇、景观等运河沿岸的风物,它们都是运河诗词吟咏和记录的对象。

阅读大运河，古诗词也是一种很好的载体，它是一种有意的传播史料，是最华美的文献。"千里运河万卷诗"，从诗词的角度谈大运河，既可以了解到自然地理意义上流动的大运河，又可以了解在历代诗词中流淌的大运河；从大运河文化的角度看诗词，运河诗词之于大运河文化，好比一滴水之于大海，微乎其微而足以道。这些诗词有如大运河的指纹，看似浅淡无感，却独一无二，有着文化基因的意义。

因此，选取相关诗词来讲述大运河故事、感受大运河文化，便是展现大运河的文化印痕。阅读这些古诗词，不仅是阅读大运河的诗意，更是阅读生生不息的国之命脉和绵延不绝的中华文脉。

西兴：古渡的风，思亲的风

刘宋元嘉六年（429）农历二月某日，钱塘江两岸风雨雪交加。南岸，无法渡江的舟楫停泊在一个弯曲的江边沟港里，此地就是西陵渡，一位面容忧戚的青年对着空无一舟的江面黯然神伤。后来，他写道：

> 屯云蔽曾岭，惊风涌飞流。
> 零雨润坟泽，落雪洒林丘。
> 浮氛晦崖巘，积素惑原畴。
> 曲汜薄停旅，通川绝行舟。

这是他此番途经西陵渡所写五言古诗《西陵遇风献康乐》的第四章。

倘若不是这首诗，后世是否会知道他曾到过西陵，是很难说的一件事。这一年，他二十三岁。

他叫谢惠连，其父谢方明曾任会稽太守，其曾祖父谢铁是谢安的六弟。

谢安，就是淝水之战的"前线总指挥"，成语"东山再起"的主角。

谢安和谢铁的长兄叫谢奕，谢奕的第七个儿子叫谢玄，谢灵运是谢玄的孙子，谢惠连是谢铁的曾孙。

也就是说，谢灵运和谢惠连是族兄弟关系。

由于谢玄的功勋，谢灵运在十八岁时，就承袭爵位，被封康乐公，因而有了谢康乐之称。谢惠连《西陵遇风献康乐》的前三章，都在回忆他和谢灵运在一起的日子。

第一章说他原定正月出发，却到二月了还未成行，只因伤情难别：

> 我行指孟春，春仲尚未发。
> 趣途远有期，念离情无歇。
> 成装候良辰，漾舟陶嘉月。
> 瞻途意少惊，还顾情多阙。

第二章感念谢灵运送行之情深，写兄弟俩难分难舍之情状，离情的厚重、亲情的真淳，洋溢字里行间：

> 哲兄感仳别，相送越坰林。
> 饮饯野亭馆，分袂澄湖阴。
> 凄凄留子言，眷眷浮客心。
> 回塘隐舻栧，远望绝形音。

王夫之《古诗评选》点评这首诗时说，李白的"孤帆远影碧空尽，唯见长江天际流"也就是这个意思。

第三章则写一路上的感受，这种感受，既是分别的痛苦，也是思念的深刻：

> 靡靡即长路，戚戚抱遥悲。

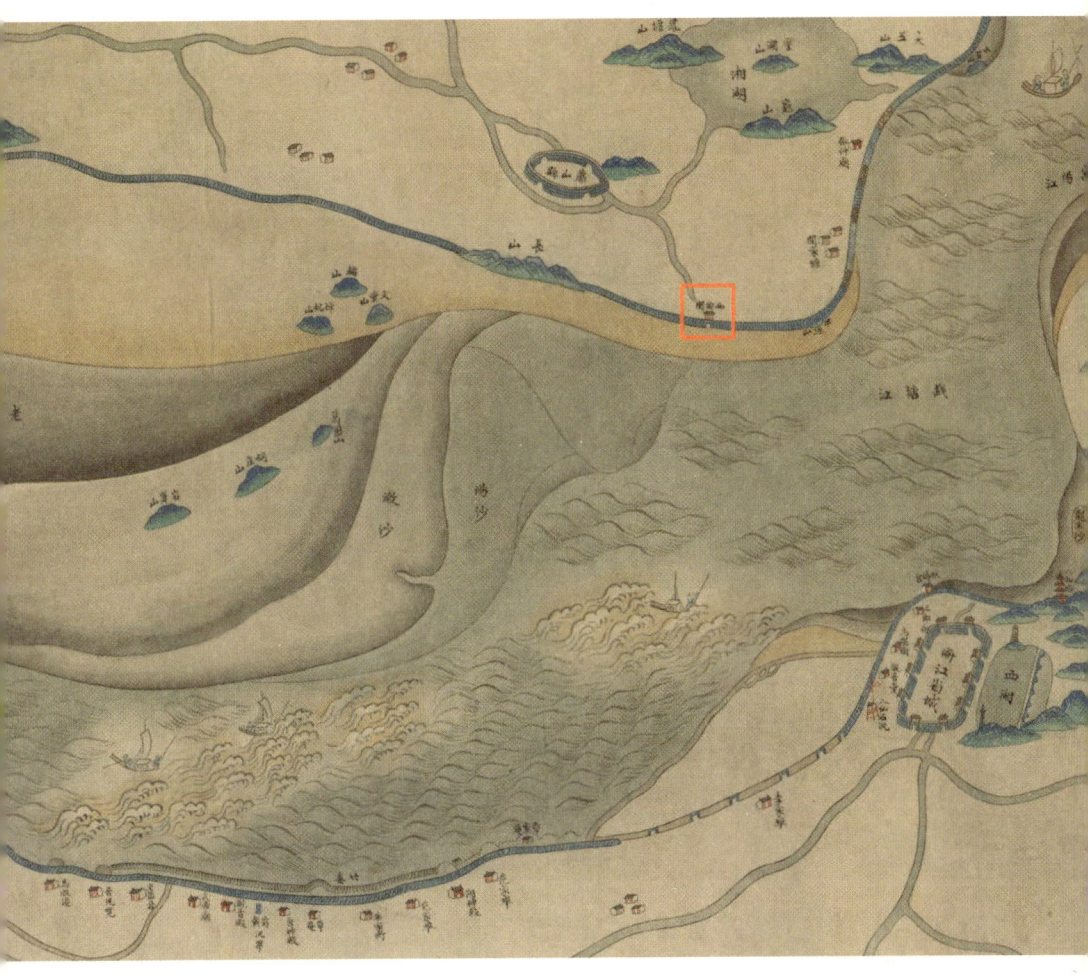

清代中期钱塘江沿岸图上有"西兴关",大致可窥西兴古渡口所在

悲遥但自弭,路长当语谁。
行行道转远,去去情弥迟。
昨发浦阳汭,今宿浙江湄。

始宁,位于柯桥、嵊州、上虞交界之处,今称三界镇,是剡溪的终点,曹娥江的起点。始宁与西陵渡,前者在浦阳江(西小江)东,后者在浦阳江西,即浦阳江入钱塘江处。因此诗人说"昨发浦阳汭,今宿浙江湄"。

谢惠连将一路上的感想，一级级铺展开来，既表达了对谢灵运的思念，也像是在向他汇报一路的行程。幽婉曲折的诗句将他那渴望有依存、被理解、得关爱的心理表达得深情款款，让人体会到了他对谢灵运的情深意切。

为何谢惠连在西陵渡想起谢灵运，会有肝肠寸断之思和难以自拔的悲戚之情，乃至写长诗相寄？

自东晋末至刘宋建立，谢氏家族连遭政治漩涡裹挟，许多谢氏子弟在孙恩、卢循之乱，谢晦被杀等事件中受到牵连而丧失性命，谢氏家族经历了军权的丧失和家族中肱骨人物的去世，遭到沉重打击，开始衰落，再难恢复乌衣巷时代的风光。

谢惠连的祖父即死于孙恩攻克会稽之时。其父谢方明独立支撑起了谢铁这一脉。虽然谢方明才干出众、谨慎行事、克己复礼、从政有德，在仕途上还算顺利，让谢惠连得以生活于一个较为安定和优裕的环境中，但仍改变不了表面平稳下的暗流汹涌。

谢惠连短暂的二十七年人生，正值谢氏家族的衰落期。

家族地位朝不保夕，族人生命岌岌可危，谢氏家族的人都需要寻求安慰。谢惠连是如此，谢灵运也是如此。

谢惠连早慧，十岁即以能写文章闻名。官场失意的谢灵运与少年天才谢惠连一见如故。

据《南史·谢灵运传》载，谢灵运在拜访谢方明的时候认识了谢惠连，一见面即对其大为知赏。从此之后，

"性无所推"的谢灵运,"唯重惠连,与为刎颈交"。甚至每次读到谢惠连的新作,他常会感叹一句"张华重生,不能易也"。

谢灵运与谢惠连感情甚笃,谢灵运在谢惠连的人生中扮演着亦兄亦父、亦友亦师的角色,两人既是血浓于水的亲族兄弟,又是惺惺相惜的知己。

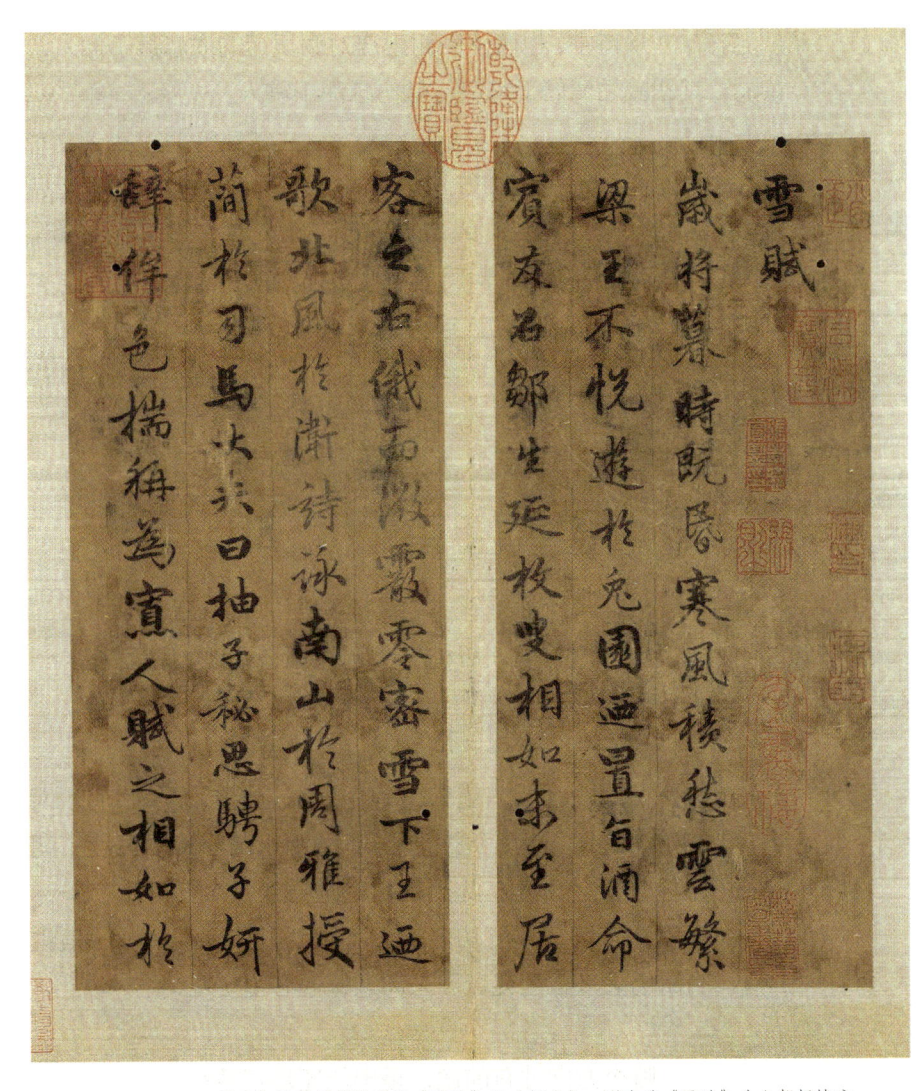

〔元〕赵孟𫖯书谢惠连《雪赋》册(部分) 谢惠连《雪赋》为六朝抒情咏物类小赋的代表作,赋中雪景素净而奇丽

宋文帝元嘉五年（428），谢灵运四十四岁，谢惠连二十二岁。这一年，谢灵运二度归隐始宁，谢惠连随谢灵运住在始宁墅，时常一起出游。此时，谢惠连的父亲已经过世，谢灵运已然成为谢惠连的精神支柱，是他得以感受到温暖的唯一的亲人。

从"献"字，或可知谢灵运在谢惠连心中的地位。

从诗中，也可读到谢惠连对谢灵运的依恋甚于他人，其悲戚之情倍于常篇，其伤感深于常人。

谢灵运生于385年，谢方明生于380年，谢灵运只比谢惠连父亲小五岁。而谢方明已于元嘉三年(426)逝世，所以元嘉六年时，谢灵运在谢惠连对人生目标的选择上，有着强大的影响力。这种情愫也蕴含在第五章诗中：

临津不得济，伫楫阻风波。
萧条洲渚际，气色少谐和。
西瞻兴游叹，东睇起悽歌。
积愤成疢痗，无萱将如何。

萱，即萱草，俗称忘忧草。但在西陵的谢惠连，一点儿也不快乐。

在西陵，朝东望去，是令谢惠连"起凄歌"的、人在始宁的谢灵运，是悠游林下的山水田园诗酒风度。朝西遥想，是谢惠连此番的目的地建康（今江苏南京），是辗转官场、浮沉功名的仕宦生涯，荣辱难卜——虽也有游历之兴，但究竟何去何从，他心里实在纠结。

哪个方向才有前途，是出仕还是归隐？

二者都是他心动的,但他既拿不准主意,也身不由己。正如在这风雨雪交加的江边,前进不得,后退不得,人生况味如此苦闷无边,乃至他感到自己已经积愤成疾,只好向心中如明灯般存在的谢灵运咨询"无萱将如何"。

谢灵运收到诗稿后,回赠了《酬从弟惠连》,除了追忆自己在人生低谷时遇到惠连兄弟的快慰,两人在始宁相聚的美好时光,表达分别后不可断绝的殷殷思念,怀念兄弟之间的绵绵情谊,期盼兄弟归来的魂牵梦萦,还为他提了两条建议:一是希望他好好为国家做事,不要拘泥于高山深谷之约("务协华京想,讵存空谷期");二是如果他实在不愿意出仕,那么随时欢迎他回到自己身边,一起过田园诗酒的日子("傥若果归言,共陶暮春时")。

这两条建议,似乎说了跟没说一样。但这就是谢灵

传为宋李公麟所绘《莲社图》中的魏晋风流人物

运,也很可能是谢惠连的真实心理写照,反映了他们所面对的生存现实。大约在谢惠连离开始宁后一年的春天,谢灵运也离开了始宁,出任临川内史。

这一次西陵遇风,是谢惠连第一次,也是唯一一次出仕,职为司徒彭城王义康的法曹参军。

西陵,今称西兴。但南朝时期的西陵与今日的西兴,却又不能等同视之。谢惠连的《西陵遇风献康乐》,不仅在诗歌史上有着闪耀的地位,也在地方文化史上有着断代的意义。比如《柳亭诗话》所言:"萧山有西陵驿,即《水经注》固陵城也。晋时改为西陵,谢惠连《西陵阻风》诗可证,至唐亦仍其名。"

现在一般认为"西陵"改称"西兴",是在钱镠立国之后,因叫西陵不吉利而改之。但《柳亭诗话》认为这种说法是讹传,主张"西陵"改称"西兴"当在唐天宝以后、长庆之前,即公元756年至821年之间。

依据是唐代两位诗人的诗句:一是郎士元《送李遂之越》的"西兴待潮信,落日满孤舟";二是施肩吾《钱塘渡口》的"钱塘渡口无钱纳,已阻西兴两信潮"。

然而,这种说法依然存在问题:一是《柳亭诗话》所引施肩吾的诗句,"已阻"二字,在《全唐诗》里作"已失";二是这两首诗的"西兴",又存在写作"西陵"的版本。

无论西兴何时改就,事实是谢惠连当时所在的西兴,与今日西兴过塘行码头并不在一处。

西陵渡,是钱塘古渡之一,也称西陵浦。据传为元代萧淑兰作品的《菩萨蛮》写道:"有情潮落西陵浦,无情人向西陵去。"宋代吴文英有《桃源忆故人》词云:"越山青断西陵浦,一岸密阴疏雨。"

南朝之后,西陵成陆的同时,介于西陵南北两面原钱塘江南岸的水区也因淤塞而演变成湖泊。北面的湖以西陵为名,称西陵湖,即白马湖;南面的湖以西城为名,称西城湖,即今湘湖。而今日西兴过塘行码头所在的地方,当时还处于江中,只是离岸较近,潮水不大时会露出。

换言之,谢惠连当时遇风的地方,当在今钱塘江南岸、湘湖北面的越王城山(古固陵城)下西北隅的江边,这里也是当年勾践入吴为质、临水祖道(即饯行)的地方,是战国时期就有的古码头。唐代诗人皇甫冉《西陵寄灵一上人》一诗写道:

西陵遇风处,自古是通津。
终日空江上,云山若待人。

西兴过塘行码头

汀洲寒事早，鱼鸟兴情新。
回望山阴路，心中有所亲。

惆怅、烦闷、痛苦没有人会喜欢，但对于文学创作传统而言，却有着神奇的触发能量，为文学史带来了许多佳话。

在文学史上，谢惠连有"小谢"之称，与谢灵运并称"二谢"或"大小谢"，又与谢灵运、谢朓并称"三谢"。而因为在文学史上的影响力，谢灵运和谢惠连的兄弟情深广为人知，两人的"西陵酬答"，也成为后世诗人表达思念之情的典故，除了皇甫冉的《西陵寄灵一上人》，还有许多。例如：

唐代高适《秦中送李九赴越》有句云："归来莫忘此，兼示济江篇。"此处的济江篇，指的就是谢惠连与谢灵运的西陵酬答之事。谢灵运《酬从弟惠连》里写道："倾想迟嘉音，果枉济江篇。"明代诗人欧大任化用此句，写下"故人传尺素，为枉济江篇"（《枫香驿楼夜雪》）。

唐代诗人欧阳詹也用过这个典故："宜裁济江什，有阻惠连欢。"（《太原和严长官八月十五日夜西山童子上方玩月寄中丞少尹》）

宋代诗人钱惟演也偏爱这个典故："更赋新诗答灵运。"（《休沐端居有怀希圣少卿学士》）

李白对谢惠连也是推崇备至，他在《春夜宴从弟桃花园序》中说："群季俊秀，皆为惠连；吾人咏歌，独惭康乐。"而在《寻阳送弟昌峒鄱阳司马作》，他更是用"大小谢"的兄弟情深来表达自己与兄弟的感情："一睹无二诺，朝欢更胜昨。尔则吾惠连，吾非尔康乐。"

西陵渡是浙东运河的起讫点,也是浙东唐诗之路的重要节点。作为水路运输中的重要纽带,渡口最为直接的功能是为往来运输的船只提供停泊之所,为人提供暂时歇息之地,与人们的日常生活息息相关。因而,当有人远行之时,渡口往往就成为人们相互送别之地。

当渡口与人们日常生活的联系变得紧密之后,各种各样的故事也就随之在这个独特的地方上演,渡口便成为寄托情感的意象。

当成为人们各种情感的策源地和寄托处之后,渡口便也成为文学创作中一个具有特殊意义的空间。在中国诗歌史上,和渡口有关的名篇比比皆是。

西陵同样广泛地存在于唐人的诗句中:

东海横秦望,西陵绕越台。(李白《送友人寻越中山水》)

钱江义渡西兴码头

西兴古镇

商胡离别下扬州,忆上西陵故驿楼。(杜甫《解闷》其二)

烟波尽处一点白,应是西陵古驿台。知在台边望不见,暮潮空送渡船回。(白居易《答微之泊西陵驿见寄》)

几日西陵路,应逢谢法曹。(皎然《送刘司法之越》)

西陵向西望,双泪为君垂。(杜荀鹤《钱塘别罗隐》)

人从北固山边去,水到西陵渡口分。(朱长文《送李司直归浙东幕兼寄鲍将军》)

雾昏不见西陵岸,风急先闻瀑布声。……诗家弟子无多少,唯只于余别有情。(方干《送钱特卿赴职天台》)

别离吟断西陵渡,杨柳秋风两岸蝉。(张乔《越中赠别》)

这些诗句,或表达了对宦途的期待,或感叹江湖飘零、旅况凄凉,或寄托着思乡怀人的离情别绪,或体现了道遇途逢相互酬唱的人际温情。

但无一例外,这些诗句都在表达思念。

虽然这是渡口的属性使然,但如果从时间的线性发展来看,可以说西陵渡自谢惠连始,渡的不仅是人与货物,还载着无尽的思念。倘若视西陵渡是一扇窗,那么望出去的种种风光里,有一点对于文人弥足珍贵,那就是如滔滔江水般绵延不绝的家国情怀和尚贤崇圣的人文传统。

江南运河：白居易的最忆诗

唐宝历元年（825）三月四日，一纸诏书降下，白居易出任苏州刺史。这一年，这位公元 8 世纪出生的"70后"诗人，已经五十四岁。三月二十九日，他从洛阳启程，五月五日到达苏州。此时，距他离开杭州满一周年还差几天。

一年之间，两次入江南运河，一次离杭州，一次赴苏州。

苏杭当时并为东南雄郡，白居易履任苏州之后，某次酒宴上，有人向他询问杭州如何——也不排除问者是有意想了解苏杭在白刺史心中哪个地位更高。具体的情节，已被岁月带走，只有白居易在苏州运河边的回答流传了下来，便是这首《答客问杭州》：

> 为我踟蹰停酒盏，与君约略说杭州。
> 山名天竺堆青黛，湖号钱唐泻绿油。
> 大屋檐多装雁齿，小航船亦画龙头。
> 所嗟水路无三百，官系何因得再游。

苏杭之间，先秦时即有水道相通。隋朝大业六年

（610），进一步疏浚拓宽，从镇江至杭州一段，为江南运河，白居易《想东游五十韵》有"平河七百里，沃壤二三州"之句。镇江至杭州的水程，《资治通鉴·隋纪》所讲是八百余里，白居易说的七百里，均是概数。《答客问杭州》诗中提到苏杭之间水路相距不过三百里，和实际长度也差不多。

虽然对江南的诗意书写南朝已有之，但若论中国诗歌史上江南意象的原型，恐怕得归于白居易的《忆江南》及其他"江南"有关诗作。

倘若进一步为白居易的江南定一种色调，在他的诗中找一个字来概括江南之美，恐怕非"绿"莫属，例如这首《答客问杭州》里的"钱唐泻绿油"。此外，再如："风动绿蘋天上浪""烟波澹荡摇空碧""绿杨阴里白沙堤""山张屏障绿参差""草绿裙腰一道斜""绿藤阴下铺歌席""春来江水绿如蓝"等。

钱唐泻绿油

白居易对绿的偏好,或许是因为安史之乱后唐朝诸藩割据、内忧外患、由盛转衰的社会现实让白居易渴望国运能够枯木逢春、充满生机,或许只是他个人对颜色的偏好,也或许只是客观摹景。

总之,若说除了江南意象,连中国文学史上最富原型意义之一的江南绿也是白居易赋予的,谅不会有其他诗人从时空深处跳出来反对。

白居易的"江南绿"和江南的水是紧密相连的,那些"绿诗"或写河,或写湖,而在江南,无论河、湖,都是运河水系的构成。

白居易从小就在运河边的城市居住,成年后又多次往来于运河,中晚年又先后在运河边并称名郡、有"人间天堂"美誉的明星城市当一把手——主政苏杭。运河对他来说,并不陌生,乃至可以说熟悉得很。

柳是江南绿的典型意象

这种熟悉不仅是地理意义上的，还是文化意义上的。

"西自黄河东至淮，绿影一千三百里"，堪为隋唐大运河文化地理和特色风情的精准写照。这句诗，出自白居易的讽喻诗《隋堤柳》。在这首诗中，杨广在洛阳至扬州的河道中曾看过的景象，都成了亡国之物：

二百年来汴河路，沙草和烟朝复暮。
后王何以鉴前王，请看隋堤亡国树。

安史之乱后，大唐内忧外患，曾经强大的王朝危如累卵。大批知识分子开始寻求重振皇权、中兴国家之路。反思传统思想，便成为其中的一种办法。白居易《隋堤柳》就是这样的一首诗。

表面上，这首诗是在批评隋炀帝开凿大运河。

实际上，隐含着白居易以史为鉴、劝谏当时的唐朝统治者的用心。而非他真的就反对唐代对运河的疏浚——这点在他开钱唐湖时对运河功能的重视，可见一斑。

然而，他的劝谏并不为唐皇采纳。他蹉跎了二十年，颔下须也白了，却又不得不"退身江海"，安慰自己：

退身江海应无用，忧国朝廷自有贤。
且向钱塘湖上去，冷吟闲醉二三年。
（《舟中晚起》）

公元772年，白居易出生，同年出生的还有刘禹锡、崔群。历史的时空有着模糊一切的魔力，会让人恍惚。当唐代诗群那些耀眼的名字被符号化，难免令人误以为他们曾是生活在同一个时期同一片蓝天下的群体。其实不然,这一年韩愈五岁,而杜甫已去世了两年,李白也在十年前驾鹤而去,柳宗元还得再过一年才能来到中唐的世界。但他们的一生,却都无法不与这横亘在中华大地上的运河打交道。他们为官时,俸禄中相当一部分物资都是沿着大运河运至洛阳,再转运至京城长安。他们的出行、他们的送别,也不同程度地与大运河有交集。

当苏州或杭州的太守,是白居易少年时期的梦想。

大约十一岁那一年,因两河兵乱,白居易随父母从黄河流域的荥阳移居大运河边的徐州符离。彼时,白爸爸白季庚为徐州别驾。约在贞元四年(788),白季庚改任大理少卿、衢州别驾,十七岁的白居易随父沿运河经苏州、杭州,过钱塘江去往衢州。

在此期间,他领略了当时苏杭二地的风光,也见识了二地两位太守的风采。当时,苏州太守是被后世称为"韦苏州"的韦应物,杭州太守为房孺复。在年少的白居易心目中,他们皆是豪放之人,"韦嗜诗,房嗜酒,每与宾友一醉一咏,其风流雅韵,多播于吴中。或目韦、房为诗酒仙"。

但当时的白居易,却没有王勃滕王阁之遇的幸运,没能与韦、房二太守同游乐共宴饮。也正因此,他更觉得二太守"才调高而郡守尊",遂在心里暗想着,以后苏、杭二郡,若能主政一个,便心满意足了。这是宝历元年(825)他在苏州作《吴郡诗石记》时袒露的心迹。当时,他已经不止如愿以偿、梦想成真了,现实给他的满足,大大超过了他年少时的梦想——"苏、杭之风景,韦、房之诗酒,兼有之矣",真是令人始料未及。

不知问客对白居易所答作何感想,是否满意。实际上在白居易心目中，苏杭各有特色，不相伯仲。

他在杭州时写过"东南山水，余杭郡为最"，也对身在绍兴、小他七岁的元稹说过"知君暗数江南郡，除却余杭尽不如"，但他在苏州也写下了"江南诸州，苏最为大"，以及"苏杭自昔称名郡"。只是，或许苏州对于他来说不免有所遗憾，乃使得他的杭州情结更深一些。倒不是说他回忆江南时把"最忆"给了杭州，"次忆"给了苏州，就说明杭州在当时更优越于苏州或苏州在他心中的地位没有杭州那么高。

倘若非要穷究"最""次"之别，原因大概有二。

第一，他待在苏州的时间实在太短，且又是因病不得不提前离去——苏州能让他回忆的美好和杭州相较，太少了。

第二，他到苏州担任刺史和到杭州担任刺史，在他的人生中是两种截然不同的意义。他出任苏州刺史，有被看重、被重用的意味。他出任杭州刺史，则恰恰相反。

长庆二年（822）七月十四日，白居易被任命为杭州刺史，与被任命为苏州刺史时有二十五天可以从容准备的情形不同，此次他必须马上离开长安。

从长安到杭州的路上，他写了"朝从紫禁归，暮出青门去"，"昨夜凤池头，今夜蓝溪口"，比他当年被贬为江州司马的赴任情形还要紧迫——赴江州他尚能隔天才出发："即日辞双阙，明朝别九衢。"

从长安到杭州，白居易一路上心情沉重，却又无比盼望能快点到达："杭州五千里，往若投渊鱼"，"烟波三十宿，犹未到钱塘"。

约略概言，白居易出刺杭州，恐怕无异于逃难，相当于捡回了一条老命，而非心甘情愿地"求外任"。且举三例为证。除了李商隐《白公墓碑铭》有言"又贬杭州"，白居易路过蓝溪时也感叹"圣人存大体，优贷容不死"，到了杭州后，他撰写《杭州刺史谢上表》，内有一句："合当鼎镬之诛，尚忝藩宣之寄。"言下之意，他是因死罪被赦而出任刺史的。

遭遇的不同，让他对两地的心情也不一样。实际上，他在苏州时就发出了"自觉欢情随日减，苏州心不及杭州"的感慨，这种感慨又反映出他对杭州生活的眷恋。会昌元年（841），他又写下："官历二十政，宦游三十秋。江山与风月，最忆是杭州。"此时，他已经七十岁了，仍在忆着杭州，对杭州的景物也记忆犹新："北郭沙堤尾，西湖石岸头。"

唐时的杭州，虽然经济得到迅速发展，与苏州得以并列，但在自然环境上依然有三大不利之处：一是春多雨、秋多旱；二是钱塘江潮之患；三是饮用水苦咸。

扭转第一种不利，白居易的做法就是被后世广为称颂的筑湖堤。这条湖堤，从北郭到西湖，其位置大约在今宝石山东麓向东北延伸至武林门一带（与今日西湖白堤并非同一条，今之白堤时称白沙堤），时称白公堤，乃于白居易离任前两个月筑成，为此他写了《钱唐湖石记》。《钱唐湖石记》详细说明了堤的作用和使用方法，并告诫后任刺史应该注意哪些事项。写好之后，他命人刻在石碑上，立于湖畔。白居易修筑西湖沙堤有一重要的意义，历来都被忽略了。从《钱唐湖石记》中，可以看出他对运河的认识较之写《隋堤柳》时有了思想上的转变。

在杭州生活和工作了一两年后,对于运河之于杭州,乃至之于整个唐王朝的作用,白居易有了更接地气、更加清醒、更加深刻、更具远见的认识。

西湖边圣塘闸亭的《钱唐湖石记》

当时西湖是运河（从杭州到海宁盐官的夹官河，即上塘河）的三大水源之一，另外两大水源是临平湖和钱塘江，但钱塘江水裏挟泥沙，水稠常造成河道淤积，弊端多。临平湖，作为备用水源，轻易不能放入运河。因此，三大水源对两岸农田的灌溉责任，西湖承担最大。西湖水每减少一寸，流入河中，可灌溉农田十五余顷；每一复时（即一昼夜），可灌溉五十余顷。这些认识，若非亲治杭州，是难以洞察到的，因而白居易将其写入《钱唐湖石记》，并告诫人们，若堤防如法，蓄泄及时，不仅"濒湖千余顷田无凶年"，且运河两岸的农田也能抗旱。西湖作为运河的水源，在北宋时也仍是如此："西湖深阔，则运河可以取足于湖水。"（苏轼《杭州乞度牒开西湖状》）

白居易对运河水系的认识，也体现在他于长庆三年（823）在杭州写的《东楼南望八韵》诗中。形式上他是给望海楼点赞，内涵上望海楼值得点赞之处，正是在这里可以让人对杭州运河水系之间的关系一目了然——既可以看到钱塘江，也可以看到运河水系发达推动了城市的繁荣："鱼盐聚为市，烟火起成村。"

这也正是为什么他不是一到杭州就筑湖堤，而是到任期之末才进行。因为认识的转变需要一个过程，办法的找到也需要深入的了解。

那么，在湖堤筑成之前，白居易是如何抗旱的？

向神求雨。

长庆三年夏天，杭州旱灾，他先是到吴山的城隍祠求雨。虽然雨是下了，但下得还不够，解决不了旱情。七月十六日，白居易又带着随从，挑着酒、乳、香果等供品出杭州城，一路往北，来到了位于半山山腰的皋亭神庙祈雨。八月二日,白居易又"率寮吏荐香火拜告于北方黑龙(即雨神)"。

在诗人白居易的眼中,钱塘江潮是诗性的、哲学的风景;但在刺史白居易的生活里,钱塘江潮带来的灾害,对城市和民房的破坏,却是残酷的。

杭州运河上有座潮王桥,昔时桥附近有座潮王庙(又称石姥庙)。潮王的来历,据说就是在长庆年间(821—824),也就是白居易主政杭州的时期,一位叫石瑰的杭州人,不仅为抵抗钱塘江水患而耗尽家产,还为此献出了性命,唐咸通年间(860—874)被封为潮王,当地百姓历代奉祀。钱塘江潮的治理,到明代也没能完全解决。它不像西湖那样便于筑堤,所以在唐朝,白居易也没有更高明的办法——他的做法,与敬神祈雨如出一辙。长庆四年(824),就在他快要离任之际,即五月四日,他带着随从来到钱塘江边敬拜浙江神,并将带来的酒、钱、羊、猪等祭品沉入江中。

潮王桥下潮神雕塑

〔清〕王翚《白堤夜月图卷》 后人为纪念白居易，将西湖原白沙堤称为白堤

旧时杭州，土地碱性重，是"沮洳卤斥，化为平原"，因此，居民用水，取于山涧，肩挑背扛，路途遥远，不胜其苦。在解决饮用水苦咸这个问题上，在白居易之前，唐德宗时期的杭州刺史李泌采用在城内开凿六口蓄水井引西湖淡水入内的做法，广为百姓称颂。但时间久了，井与西湖之间的管道不免淤塞，白居易对此六井加以疏浚，并告诫后任者，"宜数察而通理之"。

白居易在杭三年，不仅进一步推动了杭州的发展，也为文化杭州留下了为数众多的传世名篇，堪称历史上大力描写和歌颂杭州西湖的第一人。尽管他十分谦虚地说"三年为刺史，无政在人口。唯向郡城中，题诗十余首"（《三年为刺史》其一），"唯留一湖水，与汝救凶年"（《别州民》），但毫无疑问，即使今日，人们一旦说起春天西湖边的花花草草，也会情不自禁地想起这位白太守。诚如清代魏源《西湖夜游吟》所讲："逋仙（即林逋）但得此湖雪，坡老（即苏轼）但得此湖月，白公（即白居易）但得此湖桃柳春。"

然而，无论杭州再美、再宜居、再多情、再令白公有独一无二的"闲忙恰得中"之快乐，他还是得卷铺盖

走人了。

长庆四年（824）五月底的那一天，杭城北郭，运河上载着白居易一家人的船渐行渐远——"舟行明月下，夜泊清淮北"，"行行弄云水，步步近乡国"——白居易带着天竺山的两片石、一只鹤抵达洛阳的时候，已是秋风瑟瑟。

这一路，他对杭州实在有太多的不舍和留恋，实在有太多的话要说，像一个醉酒的人渴望倾诉。可又能如何呢？洛阳越来越近了，船就要回杭州了。那么，就请这返航的船传个话吧。

自别钱塘山水后，不多饮酒懒吟诗。
欲将此意凭回棹，与报西湖风月知。①

①白居易：《杭州回舫》。

运河南端：御诗吟颂第一州

北宋嘉祐二年（1057），龙图阁学士、吏部侍郎梅挚被任命为杭州知州。出发之前，宋仁宗赐给他一首诗，题目叫《赐梅挚知杭州》，诗云：

地有湖山美，东南第一州。
剖符宣政化，持橐辍才流。
暂出论思列，遥分旰昃忧。
循良勤抚俗，来暮听歌讴。

实际上，赴任杭州而获皇帝赐诗的，梅挚并非第一人。

唐开元十三年（725），玄宗李隆基亲自选了十一个人出任刺史。在他们赴任前，唐玄宗将这十一人召集在一起，并率宰相、诸王、御史以上官员在洛水之滨设宴，为他们搞了个隆重的饯行仪式，写了一首《赐诸州刺史以题座右》并御书赏赐即将赴任的刺史们。这十一人中，有一位叫袁仁敬，任杭州刺史。

虽然袁仁敬和梅挚赴任前都得到当时皇帝的高规格对待，但情况还是有所区别的：唐玄宗的亲笔诗是赐予群体的，而宋仁宗是专门为梅挚一人写了一首。从某种意义上来说,宋仁宗之赐诗如同杭州发展史上一枚重要的诗之玉玺,可视作杭州城市发展的重大转折点。

毫无疑问,宋仁宗是"东南第一州"的领颂人,就像一个带货的主播——而且是皇帝级的主播,向当时他治下的国度、大臣,乃至北方的辽、西北的西夏、隔洋的日本和高丽,换言之,可以夸张地说,就是向整个世界推广杭州。

皇帝当主播推广名城,效果自然非同凡响。梅挚到了杭州之后就造了有美堂,并请欧阳修作记。欧阳修不愧为大文豪,一生没到过杭州,却把《有美堂记》写得煞有介事,广为称颂。至于延续宋仁宗之"东南第一州"的诗词,直到元末明初还有人续写。

吴山有美堂遗址

梅挚出知杭州这一年，苏轼和他的弟弟苏辙及他们的父亲苏洵，进士及第，成为佳话。十七年后，即宋熙宁七年（1074）七月，在杭州知州陈襄（字述古）即将去任的饯别宴上，苏轼写下《虞美人·为杭守陈述古作》，起笔即是："湖山信是东南美。"

宋仁宗天圣八年（1030）进士，累官至尚书都官郎中，晚年退居湖杭之间，曾与梅尧臣、欧阳修、苏轼等交游的张先则两次唱和，一次是《破阵乐·钱塘》，写道："郡美东南第一，望故苑、楼台霏雾。"一次是《熙州慢·赠述古》，起笔落墨："武林乡，占第一湖山，咏画争巧。"武林，是历史上杭州的别称之一。

南宋末，福州人陈德武作《水龙吟·西湖怀古》云："东南第一名州，西湖自古多佳丽。"

元末明初，义乌人金涓在其《浙江晓渡》中仍吟诵："隔望秦峰出，东南第一州。"

当然，所谓"东南第一州"，至今仍像流行歌曲一样飘荡在杭州的大街小巷和文人墨客堆乱的书桌上。

杭州是浙东和浙西的融会之地，也是吴、越文化的融合之地。晚唐僧人处默曾有《圣果寺》①诗云："到江吴地尽，隔岸越山多。"江，就是钱塘江。杭州天然有着通江达海的地理优势。隋朝大运河通到杭州，正说明当时杭州在全国经济发展上的地理优势得到充分肯定。正如《隋书·地理志》所言，杭州是个"川泽沃衍，有海陆之饶，珍异所聚，故商贾并凑"的东南城市。

隋唐大运河，形似大鹏展翅，从中原腹地向东部南北伸展。右翼伸展至杭州，覆盖东南；左翼伸展至涿郡（今

---

① 《圣果寺》，《后山诗话》作《钱塘白塔院诗》。

北京），覆盖东北。汇通渭水、洛水、汾水、济水、漳水、淇水、汉水，沟通起钱塘江、长江、淮河、黄河、海河，贯通了全国经济、政治和军事的命脉。江南的物资经过右翼运输至洛阳，再经左翼运输至燕赵地区，可用于北面的边防漕饷，支持大规模军事行动。

因此，隋朝的杭州，虽只是一个新兴的小州，其范围也只限于今市区南部的小小一隅，但因有大运河的开凿，杭州得以接轨全国交通大动脉，成为势拥江、河、海三水的枢纽之地，转运方便。商旅货物南来北往，由杭州转乘海船，可至海外各国；海外船舶，可由钱塘江、城内运河驳经江南运河，运至京城和国内其他城市。

然而，杭州的发展，却非一蹴而就。尽管隋唐大运河给杭州开了个好局，但是自公元610年隋炀帝开江南运河，到公元1057年被宋仁宗钦点为"东南第一州"，杭州奋斗了将近四百五十年。这个成为"东南第一州"的过程，也充满了曲折。

杭州之名，始于隋开皇九年（589），之后二十年间，虽然已是中央之下的一级政权，且大运河也开通了，但实际上杭州自隋炀帝大业九年（613）刘元进起义失败后，直至唐高祖武德七年（624），十二年间，屡遭兵革。大业九年（613）七月，余杭人刘元进起义，队伍迅速发展到数万人，数月后为王世充平定。在隋末唐初这段时期里，沈法兴、李子通、杜伏威、辅公祏等相继据杭，战乱频仍，杭州社会秩序极不安定，经济上也遭到严重的破坏。

入唐之后，从唐太宗贞观到玄宗开元，百余年的时间里，杭州社会经济得以逐渐发展。杭州的城区也大为扩大，人口也曾几度超过苏州，成为李华笔下"咽喉吴越，势雄江海……水牵卉服，陆控山夷，骈樯二十里，开肆三万室"的东南名郡,有了白居易笔下"鱼盐聚为市,烟火起成村"的繁华。然而,却也数遭兵火袭扰。

唐高宗永徽四年(653),距唐太宗李世民驾崩才四年,浙西睦州(今淳安)爆发了陈硕真领导的农民起义。所幸这次战争只是波及,对杭州影响不大。代宗宝应元年(762)八月,浙东袁晁率众起义,规模之大为唐中叶之最,浙东十州——台州、衢州、温州、婺州、明州、越州、信州、杭州、苏州、常州均为其攻克,虽然袁晁起义最终被唐将李光弼镇压,但杭州却只有城池独存了。唐代李华《杭州刺史厅壁记》载:"近岁,灾沴繁兴,寇盗连起,百战之后,城池独存。"好在杭州地理条件优越,商业贸易活跃,所以到晚唐的时候,城市又得到一定程度的恢复。唐代沈亚之《杭州场壁记》写道:"国家始以输边储塞,不足于用,遂以盐铁榷估为助。使吏曹计其入于郡县近利之地,得为院盐场之署,以差高下之等。顾杭州虽一场耳,然则南派巨流,走闽禺瓯越之宾货,而盐鱼大贾所来交会,每岁官入三十六万千计。"这段文字,再次说明了交通便捷的杭州在当时有着强大的行商力量。

正是因为有着这样的地理优势和社会基础,加上迎来了懂得治国、惜民的钱氏三代五王,杭州才得以跃升为东南之首。杭州得以后来居上,在于吴越国七十多年休兵止戈的保境安民、诚事中原的国策。这一点苏轼说过,欧阳修也说过。

欧阳修虽然没有到过杭州,但他熟悉历史,并且作为官员,他对杭州当时的经济和社会信息也是有渠道能了解到的。所以,杭州成为"东南第一州"的历史因由,他在《有美堂记》里写得很清楚:

若乃四方之所聚，百货之所交，物盛人众，为一都会，而又能兼有山水之美，以资富贵之娱者，惟金陵、钱塘，然二邦皆僭窃于乱世。及圣宋受命，海内为一，金陵以后服见诛，今其江山虽在，而颓垣废址，荒烟野草，过而览者，莫不为之踌躇而凄怆。独钱塘自五代时，知尊中国，效臣顺，及其亡也，顿首请命，不烦干戈，今其民幸富完安乐。又其俗习工巧，邑屋华丽，盖十余万家。环以湖山，左右映带。而闽商海贾，风帆浪舶，出入于江涛浩渺、烟云杳霭之间，可谓盛矣。

江南水网密布，秦朝时期，杭州地区就有河道与江苏地区等地相通。南北朝时期，杭州地区就已经形成了南北两大渡口。南渡口在钱塘江边，为柳浦；北渡口在武林门外，称北郭。沿着两个渡口，也逐渐形成了交易集散中心。到了吴越国时期，南北两市进一步得到发展

邑屋之繁会，江山之雕丽

壮大，南市"东畹巨浸，辖闽粤之舟橹"，北市"北倚郭邑，通商旅之宝货"。《旧五代史》称杭州为"邑屋之繁会，江山之雕丽，实江南之胜概也"。后来，吴越国纳土归宋，杭州得以免遭兵燹，维系了如陶榖笔下的人间天堂的繁雄盛况："轻清秀丽，东南为甲。富兼华夷，余杭又为甲。百事繁庶，地上天宫。"①

宋太宗端拱元年（988），北市因为得益于大运河，进一步扩大，并因市之重要而分置为两个镇——北关镇、江涨桥镇。从经济功能来说，靠近城郭的为北关镇市，约六里。离余杭门六里，往北绵延十一里，商铺联络，为江涨桥镇市。简单而言，就是从现在的武林门外到小河直街，形成了一条临河的商贸经济带。端拱二年（989），杭州市舶司设立，当时全国只有三个市舶司，另两个分别设在广州、明州（今宁波），这是杭州已成为东南经济中心的又一例证。

梅挚赴任杭州之际，写诗给他的，除了宋仁宗，还有梅尧臣、欧阳修等人。梅尧臣《送公仪龙图知杭州》中有两句为："公今领名都，千骑拥高轩。"欧阳修《送梅龙图公仪知杭州》中有两句为："万室东南富且繁，羡君风力有余闲。"

梅尧臣和欧阳修的这四句诗，意思相近，可归为两层。

第一层意思是夸杭州是名都，虽然不似宋仁宗直接说出"东南第一州"，但步调还是一致的，实际上这恰恰反映了当时满朝文武乃至京都老百姓对杭州的看法："汴中呼余杭百事繁庶，地上天宫。"②

第二层意思是夸梅挚政治才能卓越，治理杭州绰绰有余。这一层意思，宋仁宗应该也是这么认为的。

①陶榖：《清异录》卷上《地理》"地上天宫"条，《惜阴轩丛书》本。
②袁褧：《枫窗小牍》，《丛书集成初编》本。

当时宋朝的财政压力，除了来自国内，还要每年付出大量的财物给西夏和辽国，以维持和平局面。因此，北宋时期，运河的漕运空前发达，漕运量不断增加，太平兴国年间（976—984）约为四百万石，至道初（995）为五百八十万石，景德四年（1007）为六百万石，大中祥符（1008—1016）初年为七百万石，宋仁宗时（1022—1063）多至八百万石。运河因此被视为维系北宋首都的"建国之本"。

因此，梅挚赴任杭州之际，宋仁宗赐诗，表面上看是宋仁宗以此表示对梅挚的恩宠，深层次里则是宋仁宗看重杭州的经济地位而对梅挚寄予厚望，谆谆叮嘱。所以，宋仁宗说："暂出论思列，遥分旰昃忧。"换言之，就是说，把你从朕身边的智囊团里调到杭州，只是暂时的，因为朕现在更需要的是你在杭州之遥，能更好地为朕分忧。这忧是什么忧呢？就是国用。当时"两浙之富，国用所恃，岁漕都下米百五十万石，其他财赋供馈不可悉数"①。

时至今日，历史已证明，大运河不仅是北宋都城汴梁（今开封）的"建城之本""经济命脉"，也是南宋的"立国之基"和杭州的"兴城之本"。然而，当宋仁宗领颂东南第一州时，肯定没想到大宋的皇根需要杭州来延续。朝代虽然有兴衰，但无论是运河的变迁，还是杭州的变化，皆闪耀着一种朴素却澎湃的、生生不息的中华文脉基因：发展才是硬道理。

---

① 苏轼：《进单锷吴中水利书状》，《苏轼文集》卷三十二，中华书局，1986年，第916—917页。

江涨桥：梦中的运河地标

烟雨空蒙的西湖上，苏轼坐在船中，身边都是好友，好友们一杯杯敬他酒，歌伎唱了一曲又一曲。这样的日子许久不曾有过了。苏轼神清气爽，心下笃定，今天就扣舷而歌，放开喝它个"大江东去浪淘尽"。人的醉都是自找的，苏轼给自己倒了满满一杯，举起，对着船上朋友说："诸位……"忽然，船一摇晃，他一个没站稳，差点摔倒。这一惊，他也醒了，发现自己依然身在黄州。屋子里空荡荡，门外狗吠声阵阵。

这是宋神宗元丰四年（1081）十一月的某个早晨。苏轼的梦里事，是我的想象。

元丰二年（1079）八月，苏轼在湖州被捕，元丰三年正月出狱。自元丰三年二月初一抵达黄州（今湖北黄冈），迄今已二十一个月了。也是在这元丰四年，他向官府申请了一片田地开始务农。因地在黄州城东的山坡上，所以他自号"东坡居士"。有名的雪堂就在这个地方，米芾二十二岁那年和苏轼相识，就是在雪堂。

这原本是苏轼谪居黄州的一个普通日子，却因为杭州故人的关心，这个日子便像梦一样充满着不可思议的奇幻和美好。

时至今日，我们已很难确定，苏轼"梦到西湖上"醒来之后是继续睡呢，还是辗转反侧睡不着，抑或是在迷迷糊糊中被吵醒。

总之，这一天，他没能像之前的一些日子那样睡懒觉。一大早，他家门外就来了个背着大包小包的"快递员"——不过，这可不是黄州当地的"快递员"，而是从杭州直达黄州的"专车司机"，当时的说法，叫仆夫。自苏轼被贬到黄州，他在杭州的几位朋友就约好了，大家凑份子，共同出钱购物，雇仆夫送到黄州，一年两次。

这几位老朋友都有谁呢？据《苏东坡全集》里的注释，是王复、张弼、辩才、无择等人。

王复，苏轼又称他王复秀才、处士王复。王复为人多技，精通医术，擅于园艺，家住钱塘候潮门外，有园圃，有亭榭。他待人真诚，毫无保留，虽然朋友中多贤士大夫，却并无所求，不给官场朋友添麻烦。因此，苏轼认为他虽是在种花艺果，其实是在种德，并为他家的亭子取名为"种德亭"，还亲自作序。

张弼，即张秉道，"吴兴六客"之一，是一个有络腮胡的人，苏轼戏称他为"髯张"。苏轼第二次在杭州为官期间，兴修水利的过程中，就有张秉道的身影。如开石门河一事，张秉道就陪着苏轼一同到现场调研、勘察——《与叶淳老侯敦夫张秉道同相视新河秉道有诗次韵二首》即可为证。

苏轼交友甚广，三教九流都有，朋友遍天下。他与僧人的交往，也历来为后世津津乐道。他曾说："吴越多名僧,与予善者常十九。"辩才和无择,便是与他交往密切的杭州名僧中的两位。辩才(1011—1091),俗姓徐,法名元净,字无象,杭州於潜人。他十岁出家,二十五岁获赐紫衣及辩才法号,住持过上天竺、龙井寺。苏轼的儿子苏迨四岁的时候还不会走路,据说正是辩才法师治愈的。无择,即杭州法惠院僧人法言的字。法言在法惠院新建一轩,苏轼第一次到杭州为官时,为之题曰"雪斋"。

这几位老朋友都是苏轼在杭州任上的至交。当年被御史弹劾之后,朝廷一面派人到湖州捉拿他,一面派人到杭州搜集他的诗稿,《王复秀才所居双桧二首》就被视为"罪证"诗之一。

然而,苏轼虽因"乌台诗案"而坐牢、被贬,但杭州这些朋友们并未与苏轼划清界限,反而说要与苏轼"相期结书社",又在信中安慰他、鼓励他——坚信有一天你(苏轼)一定会再被重用,一定能东山再起。

这种"未怕供诗帐"的情义,让苏轼十分感动,因此有了这首《杭州故人信至齐安》:

昨夜风月清,梦到西湖上。
朝来闻好语,扣户得吴饷。
轻圆白晒荔,脆酽红螺酱。
更将西庵茶,劝我洗江瘴。
故人情义重,说我必西向。
一年两仆夫,千里问无恙。
相期结书社,未怕供诗帐。
还将梦魂去,一夜到江涨。

这次杭州的老朋友给苏轼送去的特产,有荔枝干、

一夜到江涨

江涨桥:梦中的运河地标

红螺酱、西庵茶等。

品质上等的荔枝干是福建的贡品级特产,北宋庆历(1041—1048)之前,福州的荔枝干贡品有红盐、蜜煎两种。庆历之后,福州知州沈邈鉴于到京城路途遥远,红盐的做法不利于保存,就减少了红盐的贡品数,而新增了"白晒"的品种。红螺酱,应该是浙江沿海一带的特产,也是又脆又入味的上乘品质。

北宋时期,人们对茶的嗜好已经达到了"略与饮食埒"(刘弇《龙云集·策问中第十八》)的地步,茶与柴米油盐一样成了生活必需品。两浙的茶风,更是到了可以一年不吃盐,但不可一日无茶的极端程度。比苏轼小十几岁的杨时曾这样描述道:"二浙穷荒之民,有经岁不食盐者,茶则不可一日无也,一日无之则病矣。"(《乞罢茶盐榷法疏》)此说或有夸张成分,然两浙茶风之盛从中可见一斑。此风之下,加上苏轼又是深谙茶道之人,是"从来佳茗似佳人"这一千古名句的作者,所以这杭州故人的礼物中,自然少不了茶叶。这茶,就是诗中说可以驱逐长江边瘴气的西庵茶。但西庵茶究竟是什么茶呢?有可能是富阳大明院(即普明院)僧人种的茶叶——苏轼《自普照游二庵》里曾写道:"长松吟风晚雨细,东庵半掩西庵闭。"大明院即苏诗中的东西二庵。

苏轼传世的诗词中,梦出现的频率很高,据《苏东坡全集》初步统计,带有"梦"字的诗有二百九十余首,词有六十余首。苏轼在他的"梦诗"中透露过他的一些梦,有种直觉式的不可思议,即似"幽梦清诗信有神"。《杭州故人信至齐安》里的"故人情义重,说我必西向",也有着类似的气息和味道。只不过此时距离他离开黄州,还有约两年零五个月。元丰七年(1084)四月,苏轼离开黄州。

《杭州故人信至齐安》问世一个月不到,即元丰四年十二月,苏轼在信中与陈师仲谈及此事的时候,感慨道:"我于杭州人有什么恩情呢?缘何他们一直对我念念不忘?而我一年,也有四五次要梦见自己在西湖上。恐怕这就是世俗所说的前缘吧。"(参见《答陈师仲书》)苏轼对杭州感情深厚,对西湖情有独钟,这是广为人知的事情。令人疑惑的是,他起笔写西湖,落笔却在江涨桥而非他处,究竟有何缘由?难道仅是出于押韵的需要?东坡大文豪,作诗用典,非不严谨之人。既然东坡以江涨为结句,定然有其客观缘由。或许,至少有这么三个原因:一是运河是南货北上的重要途径;二是江涨桥为北宋杭城北部的地标之一;三是江涨桥与茶有关。

隋朝大运河的凿通，使中华大地出现了低成本、高效率的运输通道，直接促进了南北物资贸易、文化交流的发展。唐中期以后，杭州得以迅速繁荣，成为东南首郡，也与大运河的畅达密不可分。

宋太宗端拱年间（988—989），江涨桥一带已形成镇的规模——从杭城北部较早形成的"草市"发展成"镇市"，成为当时北方来客进入杭城的中转站。

在江涨桥商圈中，也有着丰富的茶文化，不仅包括茶物流文化，也包括饮茶文化。以运输为业的船工和雇工需要在这一带的码头装卸货物，往来船客和商贩需要在此短暂休息、洽谈生意，附近的农民、渔民、匠人、店员也会到这一带来品茗聊天、拓展业务。因此，江涨桥一带各式各样的卖茶场所也应运而生。宋神宗熙宁十年（1077），江涨桥镇市的商税为二千八百零五贯九百零八文。而这一年，距苏轼离开杭州的1074年已有三年，而离1080年他因乌台诗案被贬谪至黄州也是三年时间。前后几年间，苏轼辗转密州、徐州、湖州为官，后又入狱百十天，可谓颠沛流离，郁郁不得志。

在这样的生涯中，杭州故人却从未将他遗忘，不但如此，还时常寄礼物问候，令苏轼倍觉人生之温暖，岂能不感佩不已？不离不弃、守望相助，这种人性的光辉，也为中华传统文化注入了正向能量，令无数如沧海孤舟般的人重获奋斗的力量，指引他们排除万难，坚韧地创造。

人生在世，身处逆困之境时，还有什么比拥有故人的关心与支持更珍贵、更温暖？而于如此情境之下所作的诗依然提到江涨桥，亦足见江涨桥在他心中有着多么深刻的印象。

运河夜航船

杭州故人的礼物与问候,恰如寒夜里江涨桥头的一碗热茶。从诗的意象读,苏轼梦的是西湖,心所急燎之处却是江涨——"还将梦魂去,一夜到江涨"。从人的情感读,在苏轼的这首诗中,江涨本质上是杭州的代称,即诗句虽是"一夜到江涨",本意则是"一夜到杭州"。反复读着读着,仿佛听到了九百多年前东坡写下此句诗后内心的另一个声音:江涨桥到了,杭州也就到了,西湖也就不远了,心也就不会感到寒寂了。

湖墅：小市不小，九衢浩浩

宣和七年（1125），北宋帝国大厦的瓦片像冰雹一样一块块掉下摔碎。当宋金联合在这一年二月灭掉辽国之后，金国的刀锋就变招向北宋砍来——十月，金国正式向北宋宣战；至十二月，北宋檀州（今北京密云区）、蓟州（今天津蓟州区）、燕京（今北京西南一带）相继失守。

也是在这一年的十月十七日（公历 11 月 13 日）夜，风雨交加的淮河畔，中国文学史上又一个红人出生了。他的父亲是个漕运官。

由于战事，这位漕运官顾不得还未满月的儿子，只能把家人寄居在荥阳（今属河南），随即奔赴抗金前线——他要为太原保卫战调运军需物资。然而没过多久，他就被投降派的徐秉哲——那个后来带着金兵在开封城内四处搜捕皇子皇孙、皇妃宫女的无耻之徒——给弹劾了。北宋朝廷早已乱成一锅粥，孰是孰非，还有谁去调查取证呢？他只好带着一家人一路向南。他们好不容易才逃回老家绍兴，而北宋已经改元，时为建炎元年（1127）。

金兵的铁蹄也一路向南，北方的战火风驰电掣般向江南烧来，建炎三年（1129）十二月，杭州、越州（今浙江绍兴）相继陷落。他们一家人只好再次逃往他乡……

这也是"靖康之难"中无数北宋家庭的遭遇。这位漕运官的儿子，就是陆游。据说因为漕运官和他的妻子都很崇拜秦少游的才华，所以便给他们的儿子取名游，字务观。

儿时在战火中"万死避胡兵"的逃生经历，痛失家园的切身体会，以及来自家风中爱国思想的熏陶，令陆游毕生矢志抗金，临终也不忘叮嘱子孙："王师北定中原日，家祭无忘告乃翁。"

嘉泰二年（1202）冬，已经七十八岁、自号放翁的老诗人又来到了运河南端北关外（今杭州市环城北路以北），一次送客，一次访客，留下了两首有关运河杭州段的诗：

偶驾鸡栖送客行，迢迢十里出关城。
谁知小市萧条处，剩有丰年笑语声。
聊借野风吹醉颊，更凭陂水濯尘缨。
故庐想见春回近，邻曲家家已遍耕。
——《送客至湖州市》

北郭那辞十里遥，上车且用慰无聊。
九衢浩浩市声合，四野酣酣雪意骄。
清镜新磨临绿浦，长虹横绝度朱桥。
归来熟睡明方起，卧听邻墙趁早朝。
——《访客至北门抵暮乃归》

在《送客至湖州市》中，陆游那主张收复失地，却看不到希望的惆怅若隐若现。为什么这么说？另有两首诗和北关门外的集市商业为证。

首先说一下这首诗的创作背景。这里的"湖州市"就是今杭州湖墅一带,在当时是个熙熙攘攘的集镇。鸡栖,是小车的意思,但不是今天的小轿车,而是骡、马甚至可能是驴拉的木轮子的车。

嘉泰二年(1202),陆游被召还杭州,参与编修孝宗、光宗二朝实录。其居住地就在城内运河之旱河头边,即今杭州市中河南段原断河头、河坊街五柳园一带。

陆游是送哪位客至湖墅,已不可考,但应该不是送到湖墅做买卖或逛街购物之类,最大的可能是送客从湖墅上船离开杭州北去。

南宋临安(今杭州)北郭(即北关沿武林门至钱塘门城墙一带,非明代北新钞关或所谓"十里银湖墅")是北上的第一码头。一旦北上或想到北上,在爱国诗人心中,就会想到北方失去的国土,就顿起北望之思和对恢复中原无望的愤懑,也就总是把南宋京城的各种好都视作不好——怎么样也比不上当年的东京开封。

当爱国情怀被爱国情绪绑架,爱国主义者鲜能发现或并不愿意承认其所处时代国家的进步,尤其对于深浸于儒学文化的南宋知识分子或士大夫而言。

陆游也是如此。

因而,他选择性忽略了湖州市自北宋以来,尤其在南宋发挥的漕粮作用。他的"谁知小市萧条处,剩有丰年笑语"——这个思路,实际上与"直把杭州作汴州"如出一辙。意思相当于偏安一隅,却乐在其中,真是令人失望,还不如回家种田——"故庐想见春回近,邻曲家家已遍耕"。为什么可以这么说?再来看看《访客至北门抵暮乃归》和《武林》两首诗。

嘉泰三年（1203）春，陆游在杭州写下《武林》一诗：

皇舆久驻武林宫，汴洛当时未易同。
广陌有风尘不起，长河无冻水常通。
楼台飞舞祥烟外，鼓笛喧呼明月中。
六十年间几来往，都人谁解记衰翁。

从上述几首诗中可见，其实林升的"直把杭州作汴州"与陆游的"汴洛当时未易同""谁知小市萧条处，剩有丰年笑语声"在情感上是一致的，无非"直把杭州作汴州"是直说，"汴洛当时未易同"是委婉地说，"谁知小市萧条处，剩有丰年笑语声"是反讽着说。这种反讽，恰恰说明北关外的繁荣，即"九衢浩浩市声合，四野酣酣雪意骄"。这两句也是陆游对北关外运河两岸商业盛景的客观描述：九衢生意很好——喧嚣浩浩，市声都是一团和气——大家发财，连积雪也仿佛有一股财大气粗的气味。

在这些诗句中，陆游的言下之意是跃然纸上的：世人都只忙着发财，七十多年过去了，中原百姓的痛苦还有谁在意？还有多少人会在意收复中原、恢复河山呢？这在某方面，代表了当时矢志收复中原的士大夫的主流心声。多年后，胡仲弓在《山中逢老人》一诗中，仍重复着或者说延续着这种意识，其诗云："头白不知今几龄，儿时犹及见升平。可怜野老无知识，却认钱塘是汴京。"此诗，似想追寻《桃花源记》的洒脱，但终究只能是囿于借人抒怀而近牢骚的格局。

但话说回来，总而言之，陆游这些诗句构成了一种立体的、有环绕音效、有时空穿透力的爱国强声，尽管它们只是以一个老诗人的无奈叹息的姿态存在于诗词的海洋中，但依然强烈地折射出陆游那伟大而悲伤，且为历代所尊重的爱国主义精神。

陆游对现实的态度和对理想的坚持，乃至现实与理想带给他的纠结，都彰显在《送客至湖州市》《访客至北门抵暮乃归》《武林》这三首诗中，正是艺术手法中的乐景写哀——哀甚，哀景写乐——乐翻。但为什么连积雪也仿佛有一股财大气粗的气味？这就得先了解一下北关门外的集镇在当时的景况了。

事实上，"小市"湖州，真的不小。

北宋端拱元年（988），江涨桥镇始设。熙宁十年（1077），江涨桥镇市的商税为二千八百零五贯九百零八文；到了南宋淳祐年间（1241—1252），江涨桥镇市上缴的税收已经达到四万五千零十七贯六百四十七文，增加了15倍左右。江涨桥镇市也从北宋时的一市，到南宋时分为东、西两市，即"江涨东市"和"江涨西市"，以江涨桥为界。

而从北关——宋时的余杭门（即今武林门）外，一溜儿排开向北延展，有北郭市、半道红市、江涨东市、湖州市、江涨西市。市场虽然分得这么细，但从地域范围的称谓来说，当时北关门外至北新桥，都被称作"湖州市"。

以米市为例，自北宋始，这一方水土就成为浙西商品粮的主要集散地，至南宋则形成了较为完备的贸易链，一直到明清两代，"杭州城中百万烝黎皆仰给在北市河之米"①。北市河，即所谓下塘河，又"岁计入城之米，多至数百万斛"②。倘若说湖墅米市为后来江南水乡商品

①万历《杭州府志》卷三十三。
②应宝时《射雕馆集》

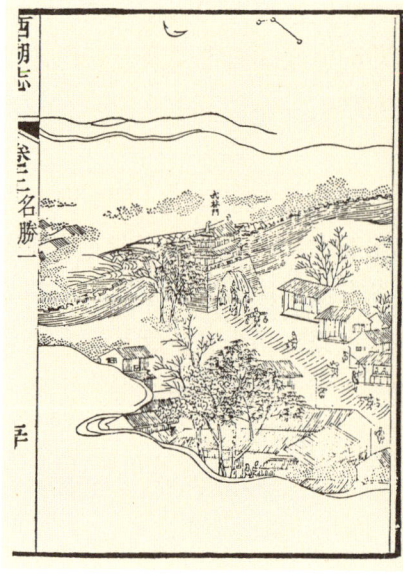

清代《西湖志》中的《北关夜市图》，呈现的正是武林门外的集市盛况

粮经济的发展提供了实践样本，那么说它也为"苏湖熟，天下足"到"湖广熟，天下足"的转变添助了底气，谅不算夸张。

明代王士性曾记述："杭城北湖州市，南浙江驿，咸延袤十里，井屋鳞次，烟火数十万家，非独城中居民也。"①又有人说："武林门外至北新关为湖墅。湖墅地方十余里，而居民稠密，市舶舣聚，一大都会也。"②

因此，这样一个"大都会"何来小？这"小"只是陆游出于表达自己毕生恢复中原大志之"大"而相较之下的"小"而已。在国家统一的民族和政治正确之下，经济、民生都被视为"小"的情况，在历史王朝中并不鲜见。

言归武林门外。宋代的湖州市，不仅米业繁荣，鱼市也不相伯仲。北宋许表民（名彦国）曾作《晚宿江涨桥》③诗：

①《广志绎》卷四《江南诸省》。
②清代《北新关志》卷十五载陆玄锡《北关修筑荆街记》
③此诗一说李新作。

鸟径青山外,人家苦竹边。
江城悬夜锁,鱼市散空船。
岸静涵秋月,林昏宿水烟。
又寻僧榻卧,夜冷欲无眠。

当时杭州城北的鱼市主要集中在黑桥、水冰桥、江涨桥一带,统称为"城北鱼行",也是沿着北关门外由南往北逐个排开。

所以,湖州市又有"十里银湖墅"之称。这个"银",不仅指银子,反映经济贸易的繁荣,更点出了湖州市的商品特色。"十里银湖墅"至少有两层含义:一是湖墅商旅云集、帆樯卸泊、百货登市的经济内涵;二是湖墅历史上所流通的主要商品之特色,及它们所呈现的商业

十里银湖墅

旧时运河上的运米船

生态内涵。湖墅是杭城历史上米、鱼、纸、锡箔、木材等商货的主要集散地和贸易中心之一,因此,即使抛开经济因素,湖墅依然蕴含着"银山银海"的历史人文质地,与主要商品的外观颜色相洽。湖墅的专业市场,反映出不同历史时期杭州的社会经济发展水平、自然与环境的开发程度,也折射出社会人文、科技进步、经济发展等因素对运河商业形态的影响。

这就是湖州市。

陆游对杭州北郭即此湖州市,并不陌生。

绍兴十二年(1142),陆游初试不利。翌年,他又到临安参加了一次考试,即《武林》一诗自注:"绍兴

香积寺

癸亥,予年十九,以试南省来临安,今六十年矣。"绍兴二十三年(1153),二十九岁的陆游又到杭州参加两浙转运司的"锁厅试",也就是现任官员应试进士,这次考场就设在江涨桥边。直到嘉泰四年(1204),两浙转运司在江涨桥北设试院以前,每年都是借用江涨桥边的香积寺、化度寺充作试院。南宋进士方岳在其《秋崖集·南康大比劝谕》中记载,绍定四年(1231),他应两浙转运司漕试,在江涨桥边待试的日子里,曾看到达官贵人迎来送往的情形,那是相当的热闹。

晚年到杭州的陆游,也不得不面对另一种民安的景象。如"故庐想见春回近,邻曲家家已遍耕",这是农耕社会里有田种、有屋住的安居生活;再如"六十年间几来往,都人谁解记衰翁",陆游虽然说的是自己,但也是当时社会的普遍现状,这可从南宋诗人韩淲的《十五日晴窗》得到印证:

绛霄谁复记宣和,灯市钱塘未觉多。
香动软红迷锦绣,醉扶娇翠入笙歌。
南来渐向百年久,北望其如前日何。
门外儿童正呼笑,小窗晴色且吟哦。

历史的发展并不以个人意志为转移,但站在历史的长河里,不可否认南宋虽只有半壁江山,却创造了超过其前任何一个朝代的文化和经济的繁荣。中华民族的传统爱国主义精神,也在这一历史时期,形成了更为具象的一种风貌,即"位卑未敢忘忧国"的知识分子精神。

运河道中：片云将梦晚俱还

大运河对于范成大之寻常，就像在家门口洗脚。因为他是土生土长的吴县（今苏州）人，又曾撰写过《吴郡志》，更曾沿着大运河出使金国，其实他是当之无愧的"运河之子"。他的一生，往来苏、杭、甬、徽等地，大运河的水波上都泛着他的诗光。

南宋绍兴二十年（1150）春，范成大再至临安（今杭州）。从苏州到杭州，走的是江南运河；而在杭州境内，距离最短的水路，在当时自然要数上塘河。在此番水路途中，他写下《暮春上塘道中》，诗云：

> 客舍无烟野水寒，竞船人醉鼓阑珊。
> 石门柳绿清明市，洞口桃红上巳山。
> 飞絮著人春共老，片云将梦晚俱还。
> 明朝遮日长安道，惭愧江湖钓手闲。

本是江南春和景明时，范成大行舟南下，又恰逢清明节。清明节前是寒食节，所以当时上塘河两岸的饭店都没有开火，也就看不到袅袅炊烟，连河水也平添了几许寒意，一派"客舍无烟野水寒"之境。南宋竞渡之风甚盛，寒食节，店舍不开火烧饭，但并不意味着上塘河两岸就是清冷的——河上有的是竞渡的船。然而此时却是"人醉鼓阑珊",欢腾热闹的呐喊声、擂鼓声将尽,热闹刚过的寂寥是真的寂寥,怎不让人心生寒意!

石门,就是运河边的石门镇,在今浙江嘉兴桐乡。据说,它因春秋时吴越交战在此垒石为门而得名。大运河在此拐弯,为江南运河东线。此时,石门的运河畔翠柳连岸,市集熙攘,将柳树的绿与清明时节运河市集的闹并在一起写,让绿柳的生机勃勃作为清明石门运河市集交易兴盛的衬托,也进一步以点带面地展现出当时上塘河两岸商贸活动的发达和经济的繁荣。

江南运河杭州段

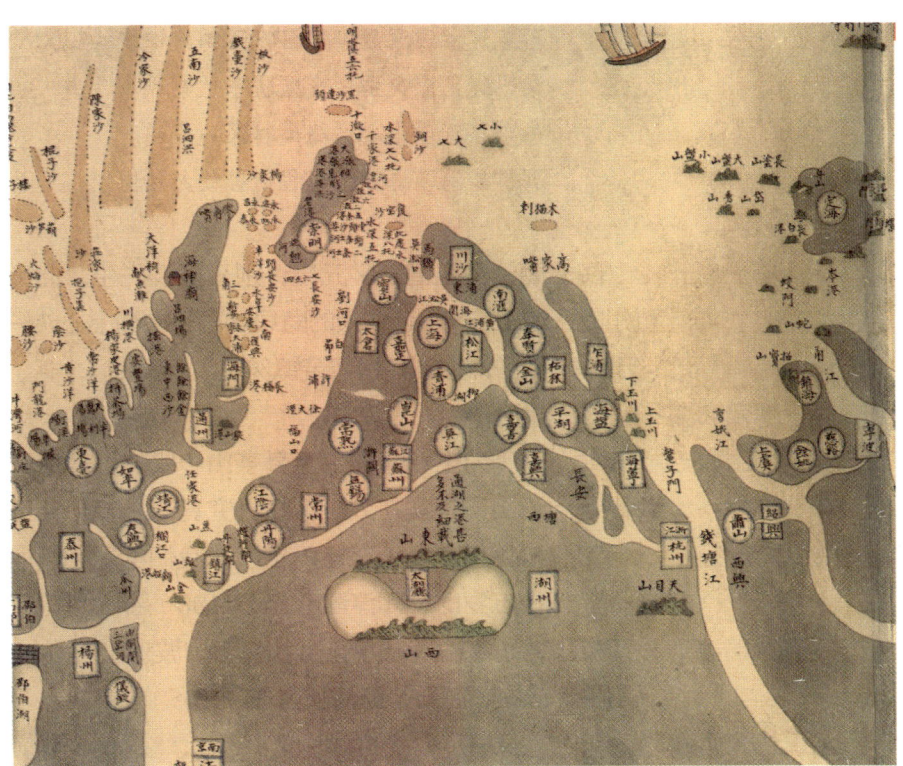

清代《江海全图》上可见江南运河、钱塘江与浙东运河的走势

范成大乘船过了石门,橹摇景移,欸乃前行,悠悠水流中,就到了临平。范成大不禁想起陶渊明笔下的世外桃源。他为何会在此时想起陶渊明呢?

或许是因为他也喜欢田园生活。范成大是历史上有名的田园诗人,此时心中生发出与陶渊明的田园共鸣,亦在情理之中。

或许是因为他也有隐居的念头。在杭州的这一年,"陶渊明"不止一次出现在范成大的精神世界里。他的《余杭道中》诗云:

落花流水浅深红，尽日帆飞绣浪中。
桑眼迷离应欠雨，麦须骚杀已禁风。
牛羊路杳千山合，鸡犬村深一径通。
五柳能消多许地，客程何苦镇匆匆！

陶渊明，又名潜，字元亮，别号五柳先生。此番在杭州的水道上行舟，范成大的隐居梦再一次涌上心头——"五柳能消多许地，客程何苦镇匆匆！"

或许是因为上塘河临平至皋亭山一段的桃林景致与《桃花源记》所写实在太相似了。究竟有多相似？或许一句"洞口桃红上巳山"还不足以让我们感受到。但如果将他五十五岁时，即淳熙七年（1180）春，自苏州启程经杭州、会稽走浙东运河赴明州（今宁波）途中写的《临平道中》放在一起看，就清晰得多了。

《临平道中》诗中云："烟雨桃花夹岸栽，低低浑欲傍船来。"上塘河两岸的桃花伸出了水面，仿佛要登上舟来，人在舟中，如在桃林之间。桃花沿着河畔一直绵延到附近的山上。这与《桃花源记》所述，何其相似——"忽逢桃花林，夹岸数百步……林尽水源，便得一山"，不正是如此吗？

过了临平，杭州也就快到了。清明的桃花不似上巳节那般开得正盛。柳絮漫天飞扬，也是春天将逝的节奏。天渐渐暗了下来，暮春里的暮色，让范成大有了青春易逝的感叹："飞絮著人春共老，片云将梦晚俱还。"

人在旅途，常发诗兴。范成大此诗，亦由此而作。《暮春上塘道中》之于运河，更有着珍贵的文献意义——上塘河之名虽不知始于何时，但由此诗可知其至迟于12世纪中叶就已出现。

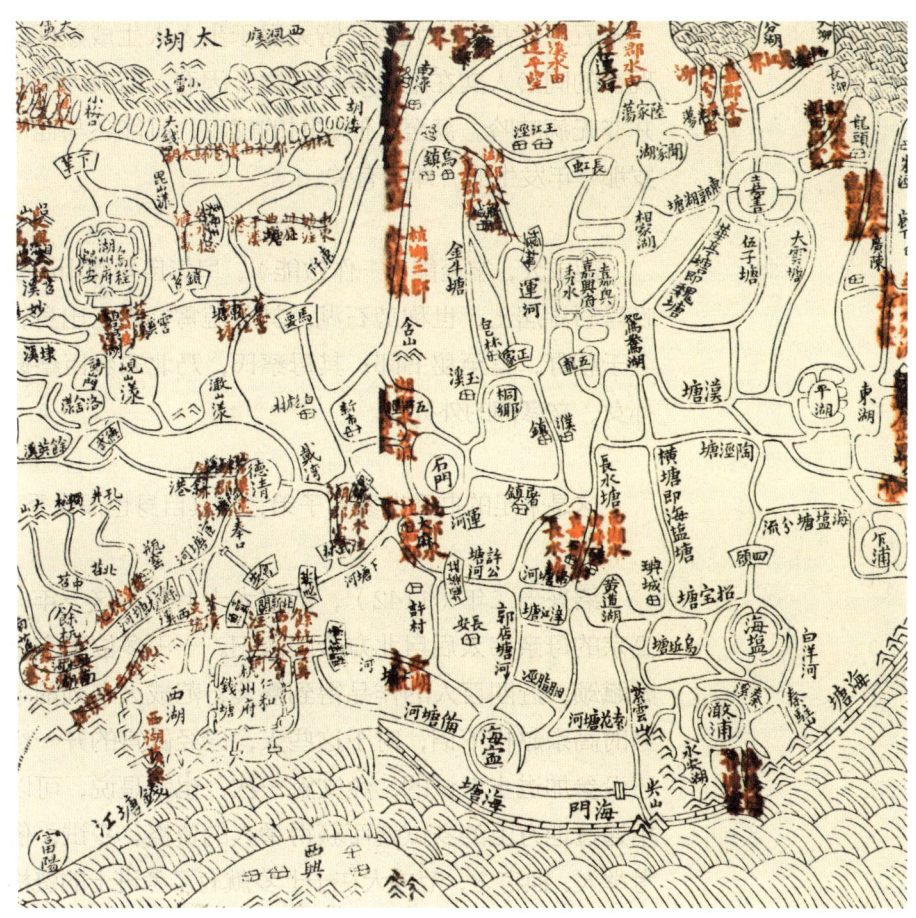

清光绪刻本《浙西水利备考》上的杭嘉湖三府总图,可寻迹范成大走过的运河水道

据说此番范成大到临安,乃是为了考进士。但绍兴二十年(1150)并未举行进士考试(省试),绍兴二十一年(1151)、绍兴二十四年(1154)才有,范成大正是在绍兴二十四年考中进士。因此,也有一种观点认为《暮春上塘道中》写于绍兴二十四年。

也就是说,此番范成大到杭州,不是在二十五岁的时候,就是在二十九岁的时候。这两个年龄在今天看来,都不算大龄。但在讲究三十而立的传统社会,无论二十五岁还是二十九岁,皆无异于步入人生成熟期,与现在的同龄人实在难以等同视之。因而,范成大的感叹并非无病呻吟。甚至,他彼时的感叹,可能还与他十七岁那一年发生的一件事有关。

范成大,字至能(一作致能),早年自号此山居士,晚号石湖居士,世称范石湖。其父范雩,进士出身,闻名于朝野,官至秘书郎;其母蔡氏,乃北宋名臣蔡襄的孙女、文彦博的外孙女。

这是十足的书香世家的子弟,而其自身也很优秀。

绍兴十二年(1142),范成大十七岁。这一年,宋高宗的母亲韦太后自北方金国南归。一千多位南宋士子献赋颂,近四百人的作品得到嘉奖,范成大名列前茅。当时高宗赵构下诏,对于这些人,已经做官的升一级,还没参加进士考试的,免文解一次,也就是说,可以不用通过地方上的乡试就可获得举人的资格。乡试,俗称考举人。换言之,范成大在十七岁就有了考进士的资格。

但当时范成大对科举却不是很在乎,即史家所云:不专注于举业。

后来,他父亲的朋友王葆(字彦光)专门找他谈话,并以先君之志劝勉,对范成大说:"尔父生前常与吾言,期尔成人之后也走仕途,现在他虽已下世,然而其志可违吗?"从此,范成大在王葆的督勉下,发奋读书。

范成大写《暮春上塘道中》之际的再赴京城,距他因献赋颂第一次到京城"领奖",已经数年过去。此番途中,或许正是又想起了这件年少时事,才有了"飞絮著人春共老,片云将梦晚俱还"的感叹。这并非无端的猜测。在与《暮春上塘道中》同时期的作品《浣溪沙》中，范成大就回忆了当年第一次走上塘河赴南宫①的情景，词云：

> 红锦障泥杏叶鞯，解鞍呼渡忆当年。马骄不肯上航船。　　茅店竹篱开席市，绛裙青袂劚姜田。临平风物故依然。②

不管《暮春上塘道中》究竟写于何年，在这首诗中，范成大的"科考心愫"还是存在的。

虽然再悠闲的白云也只能是如那缥缈的梦一样，只有在梦里才能真切地感受到人生的别样存在和精彩。但是，他也渴望梦想成真。此番的进士及第之梦能否实现呢？范成大有自信，有纠结，也看得挺开。要么高中——"明朝遮日长安道"，然后像孟郊那般"春风得意马蹄疾，一日看尽长安花"；要么退居江湖，于是过得比历史上所有隐士都潇洒——"惭愧江湖钓手闲"，叫他们惭愧，像李白那样"散发弄扁舟"。这首诗，借景抒情，正是他在赴试途中经过上塘河时复杂心情的写照。

范成大除了在写《暮春上塘道中》这一年里到过杭州，淳熙七年（1180）、八年（1181）行舟往来过浙东运河，他还多次行舟钱塘江。

绍兴二十九年（1159）春，沿檄严杭道中，写下纪行诗《淳安》《严州》《钓台》《桐庐》《富阳》《余杭》《於潜》《昌化》等十五首。当时范成大任徽州（新安郡）司户参军。新安到杭州，有水陆两条路可走。水路即沿新安江而下，至淳安、严州（今建德）、桐庐、富阳，经钱塘江入临安城。陆道，则南出昌化、於潜、临安、余杭入临安城。范成大此行，水陆两途都走过，先是顺

①南宫，指礼部会试，即进士考试。
②辛更儒点校本《范成大集》："或为绍兴三十二年（1162）二月赴临安监惠民药局行途中所作。"

新安江而下，入钱塘江，舟行至临安，后又从水路走余杭转陆道经於潜、昌化返回新安。正是基于对大运河水系的亲历，这一年他写下了"歙浦钱塘一水通"①的名句。

乾道八年（1172），范成大自吴县启程赴广西任，也是走上塘河到杭州，经钱塘江，水路转乘入江西而抵桂林。

范成大不仅在大运河的南段留下诗光，在大运河的北段也留下了诗辉和高尚气节。

乾道六年（1170）闰五月，范成大以起居郎、假资政殿大学士、左太中大夫、醴泉观使兼侍读、丹阳郡开国公，充金国祈请国信使，奉命出使金国。此次使金目的有二：一是请金归还北宋皇帝陵寝故地；二是更定受书礼，即更改原来金宋叔侄之国关系，宋帝见金使须行跪拜礼接受金国诏书等不平等条约。

此前，宰相虞允文推荐给宋孝宗的使臣有两位，分别是李焘和范成大。李焘听说后，对虞允义说道："今往金国谈判此二事，金主必然不同意，金国不同意我方就须得以死抗争，丞相这是要杀焘啊！"与李焘的百般推脱、怕去送死、拒不受命不同，范成大明知此行凶多吉少，仍毅然踏上了使金的漫漫征途。虽然使金的两个目的没有完全实现，但范成大在金国朝上大义凛然、慷慨陈词的英勇气度还是得到了金主的敬佩，赞其"可以激励两国臣子"。

此番使金，来回约两个月。一路上，范成大作诗七十二首（收入《北征集》，又名《北征小集》），作词《水调歌头》一首，作笔记《揽辔录》一卷。

① 范成大：《浣溪沙》，载《石湖词》，《丛书集成初编》本。这首词被误收入吴儆《竹洲集》中。

此番使金，也使范成大看到了金国境内的汴河已干涸不通舟楫的荒废之貌。而这是他的好朋友、曾担任伴送金使的杨万里所未看到的。范成大《汴河》诗自注云："汴自泗州以北皆涸，草木生之。土人云：'本朝恢复驾回，即河道复开。'"是土人说过这样的话，还是范成大托名土人之语，还真难确定。但范成大此际心中也有一个恢复中原的梦，却是跃然纸上的，有诗云：

指顾枯河五十年，龙舟早晚定疏川。
还京却要东南运，酸枣棠梨莫蓊然。

范成大的这首《汴河》，也是大运河对于国家之重要意义的诗意注脚之一。当然，南宋政权至灭亡也未能恢复中原，回到汴京。金国境内的汴河（通济渠东段），非但至金国政权灭亡都未能疏浚，甚至至今也仍然未得复开——因为元朝将大运河拉直了。

上塘河：长河虽长通，新都非旧都

南宋淳熙十六年（1189）十一月十二日前后，杨万里自北关门外起航沿运河北上，开启了他一生中为期约三个月的南宋外交使节生涯。此时距他最近一次到杭州，约刚满两个月。

杨万里一生在杭州的岁月，可分为四个阶段。

第一阶段是隆兴元年（1163），因张浚举荐，杨万里得授临安教授。遗憾的是隆兴二年（1164）正月，其父杨芾（字文卿）病重，他来不及上任，就匆匆回了老家。杨芾长于词翰，明经重教，虽家境清贫，却常"忍饥寒以市书，积十年，得数千卷"。杨万里自小跟着父亲苦读不倦，成年后又不断拜识名师，中华传统文化里勤学苦读的精神在杨家被忠实地秉承与践行。

第二阶段在乾道七年（1171）春至淳熙元年（1174）春，即他四十五岁至四十八岁期间。

第三阶段，杨万里的入杭时间是淳熙十一年（1184）十月，其时年五十八岁，任吏部员外郎，淳熙十三年（1186）五月晋升为朝请郎。也正是在这个阶段，他兼任太子赵惇的侍读官，得到赵惇的欣赏。淳熙十五年（1188）四月，因反对洪迈的"配飨奏议"而遭贬。

第四阶段，就是赵惇登上皇位之后的头两年，即淳熙十六年（1189）八月至绍熙元年（1190）十一月。

淳熙十四年（1187），宋高宗驾崩。翌年三月，宋高宗的陵园永思陵在绍兴建成。按例，皇帝的陵园都会有一定名额的福利给生前辅佐过他的有卓著功绩的大臣。这种福利，叫"配享"，也作"配飨"。配享可以沾着皇陵的光，和皇帝一起享受国家祭祀，所以在当时是莫大的荣耀。永思陵建成后，翰林学士洪迈给宋孝宗上了份配享书，他建议的配享人员是吕颐浩、赵鼎、韩世忠、张俊。因为没有张浚，杨万里十分愤慨，给宋孝宗上了一份《驳配飨不当疏》。

张俊，是跪在岳飞墓前的四个人之一。张浚，是对杨万里一生有巨大影响的人，也被后世誉为南宋中兴名相之一。杭州运河德胜桥，起初叫堰桥，因建炎三年（1129）韩世忠平苗、刘之叛获胜而改称德胜桥——当年这场救驾宋高宗赵构的勤王之战的统帅正是张浚。

绍兴二十八年（1158），三十二岁的杨万里结识了六十二岁的张浚。当时张浚谪居永州，闭门谢客，杨万里颇费周折才得以见到张浚。据《宋史·杨万里传》称，"三往不得见，以书力请，始见之"。张浚不仅见了杨万里，还勉励他要做"正心诚意"之学。杨万里受到鼓舞，便以"诚"名其书斋，自号"诚斋"。这就是"诚斋"的由来。淳熙十三年（1186），当时的太子、后来的宋光宗赵惇亲书"诚斋"二字赐给杨万里。杨万里一生对张浚极为敬重和推崇，甚至把张浚喻为周公。张浚在杨万里心目中的地位亦师亦父。

因此，可想而知当杨万里知道张浚未能上配享名单之际，他心中的激荡和冲动。所以，他不惧忤旨，据理力争，更以指鹿为马之弊为喻，结果是，他因此触怒了宋孝宗，被贬离京城，出知筠州（今江西高安）。

但他离开杭州还不到十四个月，即淳熙十六年（1189）二月初一，宋孝宗赵昚禅位，太子赵惇登基，成为南宋第三位皇帝，庙号光宗。赵惇登基后，杨万里迎来了政治生涯的最高峰——淳熙十六年四月初二，进朝散大夫；五月初四，恢复直秘阁；六月初五，再进朝议大夫；八月十二日，召还京城临安（杭州），即日启程；十月廿九日，除秘书监；十一月，借焕章阁学士为接伴金国贺

上塘河旧影

正旦使,兼实录院检讨官。此际,他已经六十三岁。

南宋使金及接送金使的外交活动,有出国境和不出国境之分。

出国境,例如前文所述范成大之出使金国。

按照宋金两国的约定,金国派出贺正旦使的时候,南宋这边得派人到两国的边境,即盱眙淮河中流迎接,接到杭州,事情办完之后还要从杭州再伴送至盱眙。这就是不出国境的外交活动。担任这项差事的人,就叫伴使,又因为有接、有送,所以又分别称为接伴使、送伴使。金使到杭州后,另有专门负责陪同、安排起居、与之沟通、传达圣意的使节,即馆伴使。通常接伴使和送伴使是同一个人,一趟差事要沿着运河往返两次,即走四趟。

今日上塘河

当然也有例外。绍兴十五年（1145），吏部侍郎陈康伯接伴金国贺生辰使，得罪了金使，因金使告状而被罢免，宋之才接而担任送伴使。

杨万里一行自北关门外解舟的时候，已是日暮。也许是离别起行的时候，喝了点酒；也许是实在太累了，船开出没多久，杨万里就睡着了。醒来时，船已过了崇德。河面竟然有结冰的迹象，就着月光望去，像铺满了玉，岸边树上也残留着未消融的雪。与天气寒冷相呼应的，是他内心不断升温的诗兴，他在船中提笔连写了三首诗，题为《衔命郊劳使客船过崇德县》，其一云：

北关落日送船行，欲到嘉兴天已明。
睡起一河冰片满，捶琼拟玉梦中声。

茫茫天地之间，万籁俱静，只有舟行运河发出的如"捶琼拟玉"之声，那是船过薄冰碎的声响，也是诗人杨万里于寒苦中要发现美和趣的自我召唤。

自淳熙十六年（1189）十一月十二日前后出发，到绍熙元年（1190）二月十一日左右回到杭州，四趟往来运河的路途中，杨万里写了352首诗，日均写诗约4.57首，为他一生创作频率最高的时期。他也因此成为南宋接送使中诗歌作品量最多的诗人。周汝昌在《杨万里选集》引言中对此有过评价："诚斋此一行，写出了一连串极有价值的好诗，甚至可以说在全集中也以这时期的这一分集（《朝天续集》）的思想性最集中、最强烈。"

从杨万里的诗中，可以清楚地梳理出当时宋金使者往来运河的路线，即北关—赤岸—临平—长安—崇德—嘉兴—平望—苏州—无锡—常州—镇江—瓜洲—皂角林—扬州—高邮—宝应—楚州（今淮安）—淮河—盱眙。

杨万里第一趟从杭州到盱眙,大概花了二十三天,返程大概花了二十天。第二趟北上和南返,所用时间均为十七天左右。累计差不多八十天。这是他与运河朝夕相处最密集的时间。

然而,早在此前,他就与运河打过好多次交道。

乾道八年(1172)八月,杨万里奉命到绍兴谒永祐陵,与浙东运河打交道。淳熙四年(1177)四月十日,杨万里从吉水(今属江西)到常州赴任,到富阳转苕溪水道再走运河。常州也是运河边的名城,杨万里担任常州知州将近两年。淳熙六年(1179)正月,杨万里移官广东,又是沿江南运河而下,经无锡、苏州、平望、杭州,渡钱塘江而上至富阳,经桐庐、建德一路南行。

此外,杨万里每回往返吉水和杭州之间,都要在龙山码头搭船离船。隆兴元年(1163),杨万里入杭州,有《到龙山头》诗;淳熙元年(1174)正月,离杭赴漳州任,有《甲午出知漳州晚发船龙山暮宿桐庐二首》。

龙山塔影

龙山码头，又叫龙山渡，在杭州城南，是前往衢州及今江西、安徽方向的码头。历史上大运河与钱塘江沟通的河道为茅山河。五代时，在茅山河入钱塘江口修建了龙山、浙江二闸。后来，以凤山水门为界，凤山水门南至钱塘江的河段，又被称为龙山河，也就是茅山河的上游河段。

龙山码头，不仅是杨万里行旅途中的一个码头，也是见证他的亲友之情，寄托他浓浓乡愁的码头。后者在他的《龙山送客》二诗中尽现：

念念还乡未得还，偶因送客到龙山。
分明认得西归路，只是回车却入关。

无奈乡愁只强忘，龙山唤起再思乡。
故乡依旧千山外，却被龙山断杀肠。

与龙山渡和浙江渡相应的，杭州北上的码头，在城北，即北关门。当然，杨万里也不是第一次到北关门码头了。比北上接金使从北关门出发更早，淳熙十三年（1186）九月，杨万里就在此送别过人。当时，宋廷遣李巘为贺金正旦使，杨万里一路送他到北关门码头，有其诗《出北关门送李舍人使虏》可证：

同寮缓辔出承华，又送双星水北涯。
霜外汀洲芦叶晓，雪余园圃竹梢斜。
只惊睡起犹残月，不觉归时已落霞。
白首鸳行徒索米，故山今日政梅花。

自杭州到盱眙，往返经行之地，多系当年宋金双方驰逐厮杀的战场。因此，杨万里难免也触景生情，写下了一些爱国诗，尤以《初入淮河四绝句》为后世广为提及。杨万里对运河的熟悉程度，也体现在这些诗歌中，他以高超的诗艺将运河水系之间的关系用来形容南北割裂的局面，表达山河只剩半壁的沉痛心情。例如《题盱眙军东南第一山》第二首中有云：

白沟旧在鸿沟外，易水今移淮水前。
川后年来世情了，一波分护两涯船。

白沟、鸿沟、易水、淮水，都是隋唐大运河水系的组成部分，也是"宋之故国"即北宋漕运命脉之意象。

白沟，是永济渠南段的前身。东汉建安九年（204），曹操在华北平原开白沟，使运河向黄河以北延伸，抵达浚县。隋炀帝于大业四年（608），在白沟及黄河故道的基础上开永济渠。鸿沟，是通济渠东段的前身。战国中期，群雄争霸，公元前361年前后，魏国在淮河与黄河之间开挖改造鸿沟。隋炀帝于大业元年（605）开通济渠，东段（通济渠郑州段）的基础就是鸿沟旧道。唐代，通济渠改称广济渠，唐中期以后逐渐称汴渠或汴河。永济渠沟通了洛阳与北京，通济渠则沟通了洛阳与江南。永济渠、通济渠、淮扬运河、江南运河连接在一起，就形成了通江达海，沟通海河、黄河、淮河、长江、钱塘江、浙东运河的国之命脉——中国大运河。

易水，源自今河北保定易县，经南拒马河东流，汇入白沟。淮水，就是淮河。

北宋时期，宋辽的国界以白沟分定。南宋时期，宋金的国界以淮河分定。所以，这就是"白沟旧在鸿沟外，易水今移淮水前"的意思。

自绍兴十一年（1141）宋金和议以淮水中流为界到杨万里至盱眙，已将近五十年，曾经的国土如今已是别国的领土；曾经繁华的汴河，如今已成为萧寒的易水，成为不可逾越的国境线："此去中原三里许，一条玉带界天横。"①逝者如斯夫，一起流逝的不仅是国土和英雄豪杰、忠臣义士们的壮怀激烈，就连河神（川后）也对两边一视同仁而"分护两涯船"了。至于南宋的百姓，也早已经习惯了以临安为都的日子——"归人都喜近临平"。

---

① 杨万里《登楚州城》。

北关门：功名半是愁

南宋杭州城，有水门五个，旱门十三个。其中城北的门，有水门两个、旱门一个。水门为天宗水门和余杭水门；旱门叫余杭门，又称北关门，明代改称武林门。南宋《梦粱录》载："北门，浙西、苏、湖、常、秀，直至江、淮诸道，水陆俱通。"虽说南宋是以杭州为行都，但实际即是都城。因而在一些南宋诗人笔下，北关门也成为去国怀乡的象征意象。例如姜夔的《出北关》：

> 吴儿临水宅，四面见行舟。
> 蒲叶浸鹅项，杨枝蘸马头。
> 年年人去国，夜夜月当楼。①
> 传语城中客，功名半是愁。

姜夔（约1155—1209），字尧章，号白石道人，饶州鄱阳（今属江西）人。自幼随父姜噩宦游，往来沔、鄂等地近二十年，其后一直旅食江湖，未曾做官，也未曾到过南宋国土以外的地方。因此，所谓"年年人去国"，或可作两种理解。第一种是他所指的去国的人并非自己，而是指每年南宋派往金国的使者，例如他的朋友范成大就曾使金。第二种是将去国的"国"理解为国都临安（今杭州）的代称，那么，这一句就是他在说自己。

① "月当楼"，一作"月窥楼"。

明万历杭州夷白堂刻本《新镌海内奇观》上的《北关夜市图》所指的北关门即武林门

淳熙十四年（1187）春，姜夔带着萧德藻的介绍信到杭州拜访杨万里，夏天返回湖州。绍熙四年至庆元元年（1193—1195），姜夔随张俊曾孙张鉴四处遨游。庆元三年（1197）正月，又在张鉴资助下，从湖州迁居杭州，此后一住十年。开禧元年（1205），姜夔到镇江拜访辛弃疾。姜夔往来北关的次数，并不少。时人陈造《次姜尧章饯徐南卿韵二首》（其一）也透露了这样的信息，诗云：

> 姜郎未仕不求田，倚赖生涯九万笺。
> 稛载珠玑肯分我，北关当有合肥船。

四处游走，是姜夔一生中的常态，正如他在另一首诗中写道："平生最识江湖味，听得秋声忆故乡。"（《湖上寓居杂咏》）因此，所谓"年年"，体现的正是一种频繁的节奏。宋代诗人刘光祖《昭君怨·别恨》词云：

> 人在醉乡居住，记得旧曾来去。疏雨听芭蕉，梦魂遥。　惆怅柳烟何处，目送落霞江浦。明夜月当楼，照人愁。

这首《昭君怨》与姜夔的《出北关》是否有隐秘的内在联系，不得而知，但作为理解姜夔"年年人去国，夜夜月当楼"的辅助词，还是妥当的。换言之，有了《昭君怨》，即使没有《出北关》最后那句"传语城中客，功名半是愁"，也能理解到姜夔的"月当楼"也是一种愁绪。只不过，姜夔进一步指出了因何而愁。

姜夔三十岁之前，曾参加过四次科举考试，皆落第。宁宗庆元三年（1197），他献上《大乐议》《琴瑟考古图》，五年（1199）又进献《圣宋铙歌鼓吹曲》。虽然都没有被采用，但第二次时却获得了"免解应试礼部"的资格，就是无须先通过乡试取得举人资格，再参加礼部的进士选拔,意即他有了直接参加礼部考试的资格。可惜的是,这个特别的机会他得到了,却仍没有考中,落第了。《出北关》很可能写于此番落第之后。

这首诗流传至今,很难说清楚"吴儿临水宅,四面见行舟"是指北关内还是北关外,因为南宋时期,北关门内有白洋湖,水广数十亩,有权有势的人就在这湖上造起房子,似乎更接近四面可以看见行船的"临水宅"的描写。但是,北关门外也有湖,叫泛洋湖,这湖还是原始杭州的水迹遗留,明代曾出土过"出海舟",其水域之开阔,也同样符合姜夔"临水宅"和"四面见行舟"的描述。

《出北关》第二联的诗句,换成今日白话,简单来说就是,水边草丛中有鹅游来游去,在水中觅食。而码头像个大碟子,柳树的枝叶垂下来,好比蘸酱的状态。杨枝,就是杨柳枝。传说因为隋朝开运河的同时,在河边广种柳树以固河岸,所以柳树便又称为杨柳。此说未必可信,

卖鱼桥码头雕塑

因为《诗经·小雅·采薇》已有"昔我往矣，杨柳依依"之语。但另一种现象是，自唐开始，历代诗人写运河，常常提及杨柳，更有直接以杨柳为题目的。中国文学史中，伴随杨氏开大运河而诞生的文体，词牌就有《水调歌头》《河传》《杨柳枝》等。

杨柳虽未必因隋朝杨氏而得名，但"杨枝蘸马头"却是自隋以来运河边有柳树的客观描写。"蘸"字，简直是神来之笔，将诗人旅食江湖的心情精准地呈现了出来——就连生长在水边，不用愁会因缺水而枯的柳树，都让人想到垂身饮食的姿态。运河上可养鹅，在清代的卖鱼桥边仍可见到这样的情景。当时，卖鱼桥的烧鹅，甲于他处，丁立诚《武林市肆吟》中即有一首写湖墅烧鹅的诗，曰："不馈生鹅馈熟鹅，挂炉烧烤美如何。若逢符郎应知味，黑白分明辩不讹。"卖鱼桥的烧鹅食材就是生养在这一带运河边的。魏标《湖墅杂诗》中亦写道："卖鱼桥下水平矶，鹅炙新鲜嫩又肥。"

南宋杭州的北关门，相当气派。但门里门外，却是不一样的景象。

往城内看，一派繁华的盛况。岳珂《望北关门》诗云：

> 万里云开瑞日明，雕甍遥接九重城。
> 舳连丹凤红云绕，关度青牛紫气迎。
> 新第千门俱改观，旧溪二纪漫关情。
> 今宵且向桥头宿，又听冬冬打六更。

但出得城外，则是一派野趣的江南风光。除了姜夔的《出北关》，还可从南宋赵企《泛舟晚出北关》和叶绍翁《出北关一里》中觅得这种景象。《泛舟晚出北关》诗云：

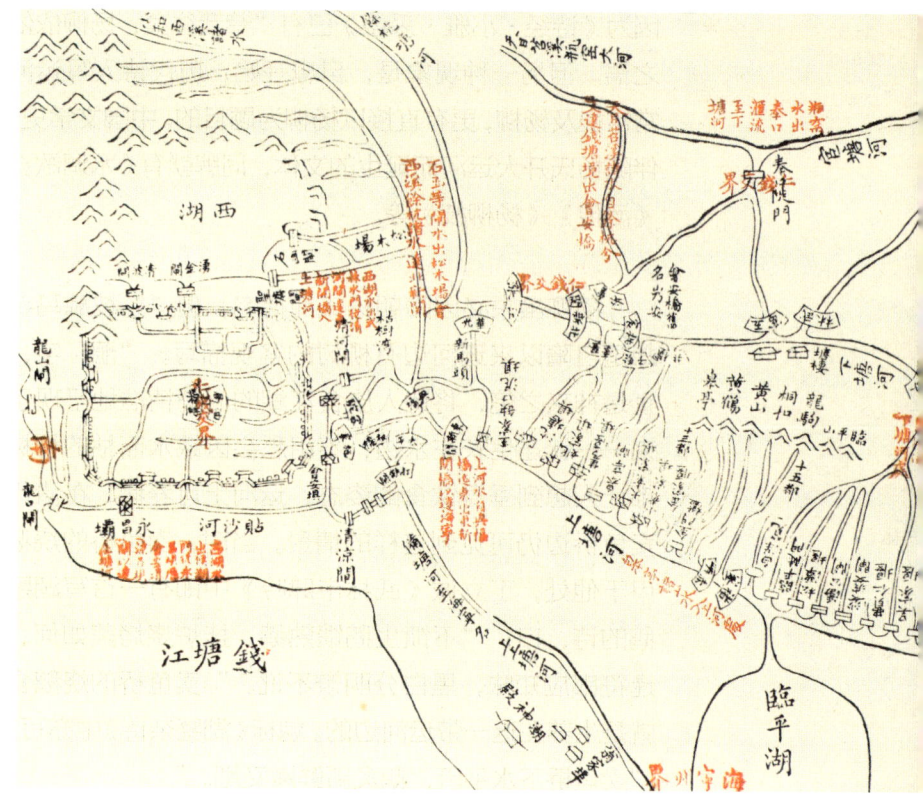

清光绪刻本《浙西水利备考》中的《仁和县水道图》,可见上塘河、下塘河、官塘河等运河水道走向

舟泛官塘静,人归一叶间。
影疏行处柳,青远望中山。
道在身从老,诗穷意觉闲。
到家秋敛足,有谓掩柴关。

《出北关一里》诗云:

脱衣命仆浣尘埃,篱落人家未见梅。
出得城门能几步,船头便有白鸥来。

隔着一座城门，确切地说是北关的水门和旱门，当然主要是旱门，即后来的武林门，城里城外，便是两重天，有着迥然不同的文化风景。对于寻常百姓而言，是城里和乡下的区别；对于士大夫而言，入城则近庙堂，有致君尧舜的豪迈，出城，则入江湖，难免有林下悠游之惆怅；对于商人来说，则是不同的消费市场和物资集散中心。

南宋时期，出北关门外，过泛洋湖，河水就分为两支：一支"由东北上塘，过东仓新桥，入大运河，至长安闸入秀州，曰运河"（《淳祐临安志》卷十），这条就是上塘河，是自隋以来江南运河的主航道，因此上塘河又被称为官塘、官河。大运河的第一次称谓的出现，也就是在此时。另一支叫下塘河，由西北过德胜桥、江涨桥、北新桥，入安吉、湖州。南宋临安城内的诸如砖瓦灰泥等建筑材料，往往是由下塘河运输过来的。如《梦粱录》卷十二《河舟》云："杭州里河船只……又有大滩船，系湖州市搬载诸铺米，及跨浦桥柴炭、下塘砖瓦灰泥等物。"湖州市，就是今日的湖墅一带。

绍兴十年（1140）七月，杭州城内火灾，数万间房屋被焚毁。当时城内有一个商人，在市中心繁华地带（通衢大街）开有典当行和金器珠宝店。火灾发生的时候，他什么也不顾——不组织人抢救珠宝金器，而是派人分往江下，他自己则亲自到北关外，遇竹木、砖瓦、芦席、椽桷之属，无论多寡大小，统统买下。次日，朝廷为了尽快使火灾后的房屋得到重建，降旨免征竹木等建筑材料税。这位商人因此获利巨大，远远超过他在火灾中被烧掉的物品价值。

倘若姜夔也擅长此道，或许他就不用一生穷困了。宋宁宗嘉泰四年（1204），姜夔在杭州城内的住宅遭火灾焚毁。之后，他搬到了运河西面的马塍居住。有诗为证："家在马城西，今赋梅屏雪。"马城，即马塍。至今，仍不时有一些文人或附庸风雅者，会到杭州城北的马塍路，欲寻此南宋遗韵。当然，除了那本来就澎湃于他们心中的庙堂或江湖之外，他们什么也找不着了。

谢村：但闻风鹤不闻鸡

凌晨的天，兵荒马乱的岁月，原本入夜就十分热闹的运河上船只寥寥，夜市和早市都已停摆，大街上空无一人，只有不知从哪里传来的鸡鸣——那不知战乱离苦，也不晓得大军压境的鸡仍只顾如往常般啼叫。

上塘河边文天祥雕像

一位听到这一天的鸡鸣,并用诗记录的人,后来成为家喻户晓的人物。他,就是文天祥。

自正月二十日到皋亭山元军大营谈判被扣留至此,前后二十天。二十天来,这是他首次在运河畔的杭城北面听到鸡叫,他作的这首诗就叫《闻鸡》:

军中二十日,此夕始闻鸡。
尘暗天街静,沙长海路迷。
铜驼随雨落,铁骑向风嘶。
晓起呼詹尹,何时脱蒺藜。

这是南宋德祐二年,也是元至元十三年,即公元1276年。再过三年,即公元1279年,南宋残余势力于崖山被彻底消灭。但实际上在这阵鸡鸣之前南宋朝廷已经向元朝投降。

文天祥听见鸡叫的时间,以白昼黑夜分,是农历二月初九日下半夜;以时间节点分,则已经是初十日的凌晨。

这是一个紧张而惊心动魄的夜晚。也许是在这个黑夜的上半段,也许是在初九日的白天,文天祥、杜浒等人被押解至运河边。此夜,他们差一点就能逃掉,但二更天时分,元军一个刘姓百户带着二三十个人逼文天祥等人下船,他们的脱监计划便也落空了。

百户、千户,都是元朝的军官名。

刘百户,中原人。

文天祥有心想策反他。

元军也担心刘百户被文天祥策反。

不怕敌人强大,就怕叛徒出卖。初十日夜,卖国求荣的贾余庆对元军将领铁木儿说:"文天祥心肠和别人不一样。"这话让铁木儿对刘百户的可靠性产生了警惕——毕竟刘氏和文氏都是汉族,这样的背景难免令人浮想联翩。

于是,铁木儿亲自驾船,第二天(十一日)一早追上了刘百户一行。

然后,负责看押文天祥的,就换成了铁木儿的亲信,西域人,高鼻深目,满脸胡须,是个千户,叫命里,故称命里千户。他一把将文天祥揪到自己的船上,气焰十分嚣张,态度凶狠吓人。文天祥用笔记下了这件事,并写了一首《命里》:

熊罴十万建行台,单骑谁教免胄来。
一日捉将沙漠去,遭逢碧眼老回回。

咸淳十年(1274)五月,二十万元军在伯颜的率领下,水陆并进,大举伐宋。六月,鄂州守臣张晏然与都统程鹏飞投降。伯颜挥军东下,沿江挺进,直指临安。宋廷大小官员或望风而降,或弃城而逃,黄州、蕲州、江州、德安、六安等沿江各地连连被陷。同年七月,度宗病亡,他四岁的儿子赵㬎即位,朝政由谢太皇太后(理宗皇后谢道清)主持。十二月二十一日,谢太后被迫下罪己诏,号召天下诸师勤王。二十多天后,即德祐元年(1275)正月十三日,谢太后勤王诏书送达赣州,诏令文天祥火速募集义士,赴临安勤王。文天祥捧诏痛哭。正月十六日,文天祥传檄各地,但各路守军按兵不动,无人响应。文天祥遂捐出全部家产,自行募兵筹粮,至三月,义军达三万余人。四月初一，文天祥率义军攻下吉州。七月初七，文天祥的勤王义军从吉州出发，八月下旬抵达临安，驻扎在西湖边。

在此期间，文天祥获得了爱国志士的支持，但也受到部分官僚的污蔑诋毁。

在此期间，文天祥先后被任命为江西安抚副使、权兵部侍郎、权工部尚书兼都督府参赞军事、浙西江东制置使兼江西安抚大使等。

这就是所谓的"建行台"。

"熊罴十万建行台"，讲的就是文天祥募集义军、历经千辛万苦到临安的这段历程。

"单骑谁教免胄来"，换成今天的话说，就是谁教我解下武装，手无寸铁，单身赴皋亭山敌营谈判呢？言下之意，他对出使元营有后悔之意。

这种后悔，并非被铁木儿率众羁押时才有，而是从伯颜扣留他在皋亭山军营之时便有了。还在皋亭山时，他已经将这次行动定性为铁铸的错误，痛悔此行乃是重大的失策，造成了极其严重的后果，并为此写了《铁错》：

> 貔狃十万众，日夜望南辕。
> 老马翻迷路，羝羊竟触藩。
> 武夫伤铁错，达士笑金昏。
> 单骑见回纥，汾阳岂易言！

这首诗大意就是：

那十万勤王大军,我日日夜夜都盼望着回去带领他们杀敌。

而我虽似老马却迷失道路,做了错误的决定,又像公羊角顶到了篱笆里面,进退不得。

我一个状元竟连武夫都不如,如果我早听杜浒的建议,又怎会落得如此地步,让士大夫们嘲笑我像那攫金的齐人?

当年回纥人掠夺泾阳,郭子仪仅率几个随从赴敌营,便使唐朝与回纥结为兄弟,难道是一句话就能轻易达到的吗?与之相比,我实在差得太远了。

听见鸡叫的地方,叫谢村,位于杭州城北,半山西面。这个村在旧时横跨运河两岸,如今则一分为二:运河东边的谢村,属于拱墅区康桥街道,叫谢村社区;运河西边的谢村,属于余杭区良渚街道,叫谢村村。

谢村之名不知始于何时,但确是运河沿岸自南宋就沿用至今的地名,这比之那些在历史长河中屡经变迁的地名而言,在文化价值上也更可靠、更厚重一些,是大运河文化中珍贵的地名文化遗产。更何况,因为文天祥《闻鸡》一诗,谢村便也和皋亭山一样,成为中国朝代更迭史中一个具有象征意义的历史符号。

实际上也是如此,谢村历来就是大运河上不可磨灭的印迹,是重要的水陆节点。明清时期,谢村、义桥仍是运河兵船巡逻会哨的驻地。清代从谢村至武林头(塘栖西南五里),巡逻兵力为千总一员,兵一百十五名。1699 年康熙第三次下江南时,御舟也在谢村泊了一夜。

元末明初陈基有回路过谢村,似乎也想起了文天祥的此番经历。他的《下塘道中·谢村》写道:

舟行谢村路,却访义桥营。
妖骨埋荒草,秋风洗复腥。
青山不改色,红树远含情。
当日闻风鹤,俱疑是晋兵。

然而,文天祥没有谢玄幸运。非但没有打出风声鹤唳战绩的机会,反而是他所效忠的朝廷,出现了文武大臣闻风而逃的丑闻。文天祥正是在宋朝文官武将或降或逃,国事无人主持的情境下,临危受命,收拾残局。

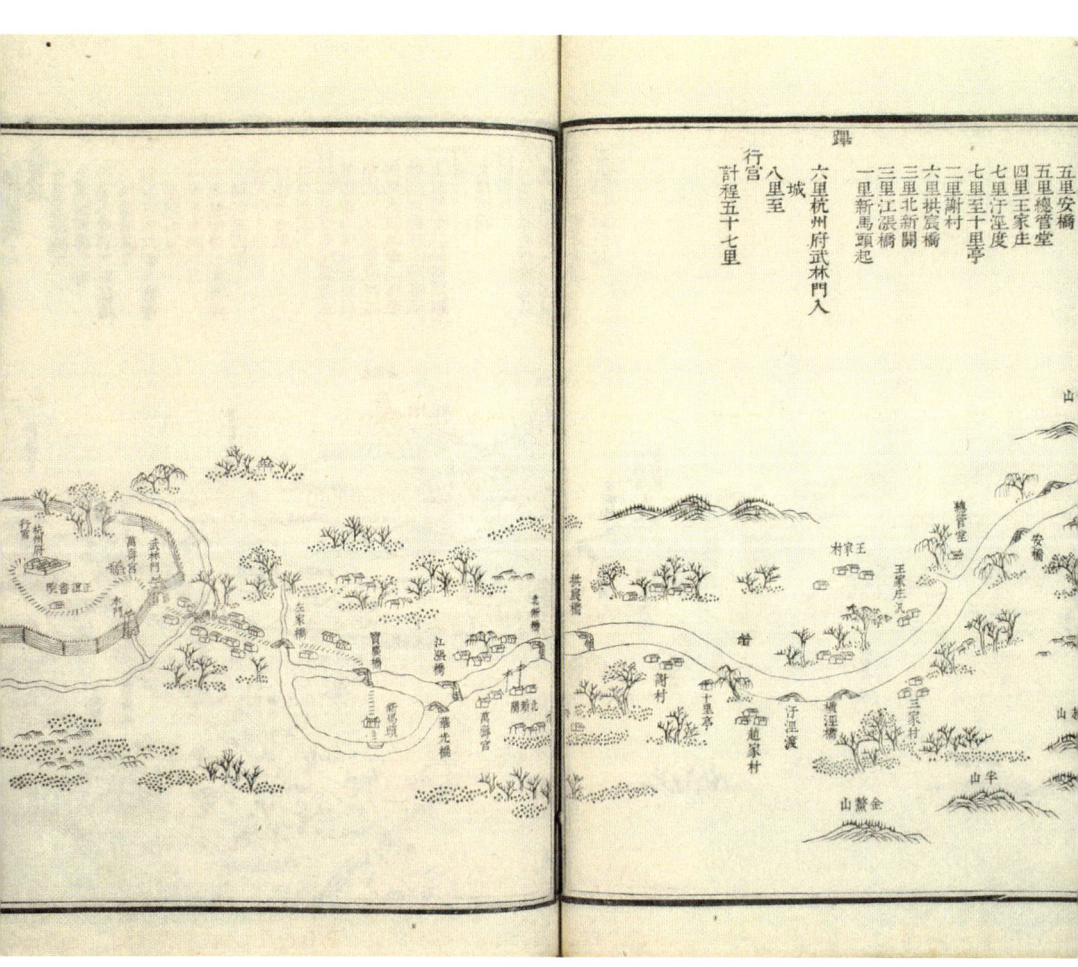

清乾隆《南巡盛典》卷九十二图中有"谢村"等运河沿线地名

文天祥的仕途，始于宋理宗时期。宝祐四年（1256），文天祥在六百零一名进士中，高中状元。传说起先他并非第一名，一说名列第五，一说名列第七。是宋理宗看到他的名字，认为"此天之祥，乃宋之瑞也"，是个吉兆的名字，亲自将他擢为第一名。文天祥又字宋瑞，即源于此。

理宗的愿望很美好，文天祥的名字很吉利，但都挽救不了南宋。在理宗执政时期，南宋这场大戏其实已经进入尾声。

先是宝祐年间（1253—1258），朝政由理宗宠妃阎氏及宠臣马天骥、丁大全等人把持，纲纪败坏，以致民间流传"阎马丁当，国势将亡"之谚，更据说有无名氏将这八个字书于朝门之上。"当"在此谐音"珰"，意为宦官，指理宗宠幸的宦官董宋臣。文天祥曾公开要求理宗皇帝处斩建议迁都避敌的董宋臣。

阎氏病亡后，贾似道当政，朝政更加腐败。理宗病故后，度宗继位，贾似道更是权倾朝野。而在此期间，文天祥屡屡碰壁，因上书言论不被采纳先后被贬知瑞州（今江西高安）、宁国府（今安徽宣城）等地。

元朝大举灭宋，给了文天祥报国的机会，也给了历史一个报国无门，但宁死不屈、不辱使命的大无畏英雄气概的忠臣形象。以至于后世人一旦谈起南宋史，都不禁前悲岳武穆，后叹文文山。

历史总是如此，一个朝代的建立，往往一个英雄振臂一呼便天下归心；但一个朝代要垮了，往往十个英雄也拉不住，扶不起。因为，一个英雄振臂，他可以说了算，但十个英雄力挽狂澜时，他们说了不算，还得听皇帝的。

正月十八日，伯颜进驻皋亭山，右丞相陈宜中逃跑。由于伯颜提出要议和，必须南宋丞相出面到皋亭山谈，十九日上午，谢太后刚任命文天祥为枢密使，下午又加封其右丞相兼枢密使、都督诸路军马。如此仓促的一天两任，也不过是南宋朝廷已乱成一团麻，比热锅上的蚂蚁有过之而无不及的一斑而已。

横扫欧亚大陆的蒙古大军，对南宋的战斗力是蔑视的。这让认为南宋是"承帝王正统、衣冠礼乐之所在"的文天祥甚为愤怒，他慷慨陈词，据理力争，为南宋朝廷多少挣回了些颜面，正如他在诗中所言：

> 单骑堂堂诣房营，古今祸福了如陈。
> 北方相顾称男子，似谓江南尚有人。

然而，文天祥还是被伯颜留在了皋亭山。虽然伯颜指派唆都、忙古歹为馆伴，以类似招待外交使者的礼节对待文天祥，但实际上就是监视其居住。

正月二十一日，谢太后翻云覆雨改令贾余庆替代文天祥为右丞相，指派贾余庆和吴坚等人为祈请使到元营奉降表和传国玉玺。而这一切都是瞒着文天祥进行的。更为可悲的是，文天祥代表南宋出使元营议和，贾余庆等人此来却对文天祥劝起了降。

正月二十五日，文天祥的勤王义军被解散了。

又过了十天，也就是在他被押解上谢村船的四天前，即二月初五，和平受降仪式在临安城皇宫中的祥曦殿举行，宋恭帝宣布退位，向元朝乞为藩辅。

皋亭山上的文天祥，既要面对元军，又要面对同朝权臣的投降阴谋和卖国求荣的行径。

他自嘲像迷途的老马,感叹不如郭子仪,实际上都是在反省自己像那攫金的齐人"只见金子,不见主人"。这一点,清人王夫之在《宋论》中的批评十分严厉而精准:"听女主乞活之谋,衔称臣纳贡之命……信国之为此也,摇惑于妇人之柔靡,震动于通国之狂迷,欲以曲遂其成仁取义之心,而择之不精,执之不固,故曰忠而过也。"这段话,简而言之,就是批评文天祥空有一腔爱国精神,也不看看是什么样的人在把持朝政,有点愚忠。

文天祥是怀着能像郭子仪那样促成宋元和谈的理想,对元朝统治者抱有幻想(意北亦尚可以口舌动也),也抱着"子产片言图救郑,仲连本志为排秦""春秋人物类能言,宗国常因口舌存"的愿望,在朝堂无人可用之际,怀着"若使无人折狂虏,东南那个是男儿""国事至此,予不得爱身"的爱国精神而听从谢太后的妇人之言。

他所后悔的,是因为轻率出使导致被拘押而无法领兵抗元——"深悔一出之误",致使"国事遂不可收拾"。

此前,他得知陈宜中要和元军丞相伯颜在长安会谈,就力言不可。没想到自己本来是为了阻止陈宜中出使,却蹈陈旧辙,出使皋亭元营。

他对这一次的行动,后悔得要死,但他并不怕死。

起初,看到与他同行的官员都被放走,唯独自己走不了时,他怒目责道:"我此来为两国大事,实是好意,他们四人都回去了,为何只将我一人扣下?"他再三强烈要求回到临安城内。但伯颜只是笑,不置可否,且以言语作拖延计。伯颜一面紧锣密鼓地逼临安城内的南宋皇室投降，一面用言语宽慰文天祥："请君勿生气，您乃宋室大臣，责任非轻，此来既是好意，今日之事，我也正想和您一起好好协商，所以只好留您在这里多住几天。"

这所谓的几天，后世人知道了——文天祥在皋亭山待了近二十天。在这近二十天里，文天祥不止一次后悔此行，也不止一次有过以死殉国的念头。他相信自己在皋亭山上的慷慨陈词，已让元军主帅伯颜及其手下将领刮目相看。对于这样一个痛斥同僚卖国求荣，能领兵打仗、对元军将士有杀伤力、对元朝政府治理社会能制造麻烦的人，伯颜岂会放了他？

留得青山在，不怕没柴烧。不能致君尧舜上，也要拼命挽国之将倾。这个道理在文天祥想死的时候，再一次散发出堪比信仰的魅力。

前一日，他已经写好遗书，处置好家事，准备若被押往北方，则启程之日就自尽。得知他这个想法的家铉翁劝他："为死伤勇，祈而不许，死未为晚。"意思是，死只是匹夫之勇，如今一死了之，反而会让人轻视不够勇敢，不如先隐忍，等到了北方和忽必烈当面议和之后，不成功再成仁也不晚。这句话果然打动了文天祥，打消了他寻死的念头，唤起了他的初心，于是文天祥忍辱负重活了下来，只希望有朝一日可以逃出敌营报效国家（犹冀一日，有以报国）。

他听从了家铉翁的劝，但对议和已不抱希望，自然也不甘于束手被押到北方。既然伯颜主动放行是无望的，那么只好另想办法。在皋亭山上的文天祥，多么期待有援手，期待有人能协助他逃离敌营。他在山上写的《求客》，便是一证：

> 眼看铜驼燕雀羞，东风花柳自皇州。
> 白云万里易成梦，明月一间都是愁。
> 男子铁心无地着，故人血泪向天流。
> 鸡鸣曾脱函关厄，还有当年此客不。

这首诗的意思，简单而言，就是文天祥说，战火烧到了帝都，国家蒙难，而自己身陷囹圄，心忧天下却无处表达、无处伸志、无处施力，曾经追随的人为了救自己想尽了办法仍未能奏效，那悲伤的血泪只能默默对天而流。最后两句他用了孟尝君逃秦的典故。

战国时齐国孟尝君被秦扣留，幸赖门下客擅长狗盗，夜入秦宫，盗出狐裘贿给秦王宠姬而获释。又赖门客模仿鸡叫，守吏闻鸡鸣打开城门，孟尝君才得以逃出秦国。这两句是他在自问，是否也能有孟尝君那样的运气。所谓"求客"，便是指希望能够遇上可以帮助他脱监的智士或英雄好汉。

如果说在皋亭山上还算是监视居住，那么自命里千户揪他上船之后，则无疑已是严密的看押。

因为元军，一怕他逃，二怕他死。

逃了，自然是个麻烦；死了，则他们想笼络文天祥的企图，就得落空。死活，对元朝廷是个政治问题，对文天祥，是气节所系。

元军一直希望文天祥能够投降，用一身的才华为元朝效力——当然，还有笼络南宋知识分子的标杆意义。还在皋亭山上的时候，唆都就曾对文天祥说："大元将兴学校，立科举，丞相在大宋为状元宰相，归顺我大元，肯定也会让您继续当宰相的。您常说'国存与存，国亡

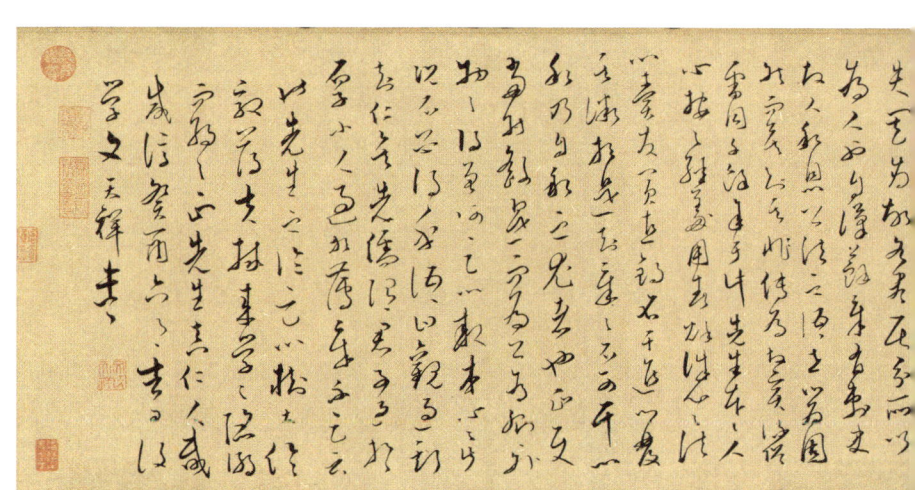

〔宋〕文天祥草书《谢昌元座右自警辞》卷

与亡',这是男人血性的意气之语,现在天下统一了,意气用事和做大元的宰相,您应该明白怎样排序吧。'国亡与亡'四个字就不要再提了。"但文天祥哭着拒绝了,这让唆都等人更加怕他以死殉节,日夜不离其左右。

但唆都等人也许并不知道,自从家铉翁劝了文天祥之后,在死与逃之间,文天祥更多的心思是在琢磨和寻求脱监的机会,所以才有了《求客》。

谢村：但闻风鹤不闻鸡

后人惯于称文天祥为丞相，然而他恐怕是中国历史上任期最短的丞相了，前后不过一天半，其中有一半时间还是在敌营中。不过这个丞相，倒是有一半任期是在运河畔的皋亭山上。

文天祥在皋亭山近二十个日日夜夜，既要与敌人抗争，又为佞臣的奸诈而愤懑，亦感受到忠臣义士带来的温暖——除了家铉翁，还有杜浒。

时至今日，已无法知晓是杜浒的到来让他想到了孟尝君在函谷关的幸运，还是因为他想到孟尝君的幸运而对杜浒充满了期待。历史只是告诉我们，杜浒来了。

杜浒，字贵卿，号梅壑，浙江天台人。他曾募集四千多名义兵赴都城临安勤王，却不为朝廷所重视。正月十三日，杜浒到文天祥勤王军的驻地拜访文天祥。二人在西湖上会面，忠肝义胆，志气相投。正月十九日那天，当朝廷众官推举文天祥出使元营之际，杜浒就曾极力反对，但文天祥没有采纳杜浒的建议。在元军逼押文天祥北上而"诸客皆散"的情境下，杜浒奋不顾身地来到了文天祥身边，追随他一同北上，且最终帮助文天祥在镇江成功脱监，使文天祥得以回到南方继续带兵抗元逾两年。

虽然在谢村的时候文天祥和杜浒的脱监计划没能实现，但是从在皋亭山上写下《求客》到至谢村之后写下《闻鸡》，文天祥的心境已经不同。所谓"军中二十日，此夕始闻鸡"，实际一语双关：第一层意思是听到鸡叫；第二层意思，则是说有了搭救他的人。

正是谢村那一声声鸡啼，激起了文天祥的斗志，让他仿佛看到了逃脱元军羁押的希望。他想起东晋名将祖逖立志恢复中原江山、闻鸡而起舞的典故。尽管这一夜没能逃成，但他并未放弃越狱的希望和重领兵马抗元的信念。所以，他诗中虽然写的是早晨起来后，他给自己占了一卦，想卜一卜何时可以脱困，但更接近真相的应是他想表达自己时时都在密谋如何从元军中逃脱，重拾旧部，继续抗元的意志。

詹尹，是古代卜筮者之名，后指擅于算卦、卜测未来的人。但当时文天祥是被敌军羁押的状态，非自由之身，加上越狱的计划属于密谋，自然是越少人知道越好，怎会公开召唤詹尹来为他占卜呢？因此，所谓"晓起呼詹尹"，只能是他自己给自己算卦了。

五百多年后，杭州人丁丙想起文天祥的这次遭遇时，写下了一首诗：

> 文山船被谢村羁，梅墅何能脱蒺藜。
> 谁谓青山不改色，但闻风鹤不闻鸡。①

---

① 丁丙：《三塘渔唱》卷中，《武林掌故丛编》本。

安溪:从古书生报国多

漕运是元朝的国运之所系,江南深刻影响着元朝的肚子。肚子不饱,国力难雄。忽必烈显然清楚这种重要性。在他还没有灭南宋时,便已在谋划对运河进行改造。

元中统三年(1262),忽必烈召见郭守敬,咨议兴修水利之事,三十二岁的郭守敬陈述了六条建议,其中四条直接与大运河相关。首条就是重开中都(元至元九年改为大都,今北京)与通州之间的漕河,使之与大运河相接——此漕河,旧为金国的运粮河,后严重淤塞,几成平陆,重开后,忽必烈亲自命名为通惠河。另外三条建议为疏浚汴河,治理淮河、黄河等水系。忽必烈听后十分高兴,对着众人说:"如果办事的都像他这样,就没有尸位素餐这个词了。"当即任命郭守敬为水利官员。

元朝治理国家的模式,或可称为三体模式,即政治中心在北方,经济运营靠西域人,生产力的中心在南方,而生产力是一切的基础。忽必烈十分清楚南宋疆域对他们的重要性——那就是钱,没有经济的发展,政权何谈稳定?

于是,当时全球经济最好的区域——南宋之被灭亡,便也是迟早的事情了。

至元十一年（1274）正月，元朝在北京的宫殿宣告建成。此时，忽必烈由开平府迁往北京尚未满七周年。该年七月，忽必烈发布《下江南檄》，派伯颜统率大军大举攻宋，同时告诫伯颜要不杀而平江南——这不是帝王的仁慈，而是一派焦土的江南对元朝的政权毫无益处。毁了生产力中心，元朝的财政压力无法纾解，政局便难免动荡。

据说，就在南宋政权被灭，年仅六岁的宋恭帝和谢太皇太后、全太后以及三宫等被押往北方之后，有一个书生用他的方式书写了未来五百多年的运河河神史。他叫谢绪，神号"金龙四大王"。

据宋末元初人徐大焯《烬余录》记载，谢绪祖籍会稽，生前乐善好施，隐居在钱塘安溪（今杭州余杭区安溪村）金龙山，宋亡之后，舍生取义。投水尽节前，他曾面向羁押南宋幼主、太皇太后的北方泣拜说："生不能报效朝廷，安忍苟活？！"言毕，又作了一首《绝笔》诗：

> 立志平夷尚未酬，莫言心事付东流。
> 沦胥天下谁能救，一死千年恨不休。
> 湘水不沉忠义气，淮淝自愧破秦谋。
> 苕溪北去通胡塞，流此丹心灭虏酋。

清代杭州文人陈文述写过一首《安溪吊谢绪》：

> 竟以安溪作汨罗，三宫行矣事如何。
> 陆张有志终沉海，韩岳无人孰渡河。
> 终古金龙垂祀典，也同白马溯江波。
> 孤山正节还祠庙，从古书生报国多。

《安溪吊谢绪》的起句将谢绪比作屈原,将谢绪自尽的安溪比作屈原自尽的汨罗江,陈文述应是读过谢绪的那首绝命诗。陈文述对谢绪的评价之高,也洋溢在字里行间。

整个首联是说纵然谢绪以死尽忠,却也改变不了南宋被元军消灭,三宫成为俘虏的现实。

南宋投降后,残余势力逃亡温州、福州、雷州等地,一路上陆秀夫与张世杰连续拥立另两位幼主(端宗赵昰,卫王赵昺),顽强抗元,后于海南崖山被元军彻底消灭。陆秀夫背着幼主赵昺沉海,不久之后,张世杰也沉溺海中。崖山一战,十万军民跳海殉国,情况极其惨烈。"陆张有志终沉海",所说便是这段历史。

"韩岳",即韩世忠和岳飞。"韩岳无人孰渡河?"简单来说,可做两种理解,一种是韩世忠和岳飞纵然有盖世之才和力挽狂澜之文韬武略,但无人(更确切说是主政者——皇帝)支持他们的恢复中原之志,所以南宋终究打不到汴河以北,只能偏安。另一种意思是,南宋末时,已没有韩世忠和岳飞那样的人物,又怎么可能不被元军消灭?

其实,对"韩岳"的寄望,并非清朝才有的思想。南宋陆游《感事》即云:"堂堂韩岳两骁将,驾驭可使复中原。"

"终古金龙垂祀典,也同白马溯江波。"说的是谢绪被列入国家祀典,他的忠义气节,使其像伍子胥那样得到后人立庙祭祀。

南宋德祐二年(1276),太学生、江山人徐巨翁不愿成为元军的俘虏，带着他的两个儿子和一个女儿，登楼自焚未成，转而投井殉节。民间称赞他为正节先生，明正德十年（1515），官府为他在方家峪建祠，清代又在孤山建祠。所谓"孤山正节还祠庙，从古书生报国多"，就是将孤山的徐正节祠和安溪的金龙四大王墓祠列在一起讲。这种将二人的气节并在一起表达的书写，从文学意义而言，既能使诗意更加磅礴有力，也会让文旨思想获得成倍的震撼效应。以这两句诗为例，因为这种并置阐述手法的运用，两位忠义之士的形象，便比单独表达要来得更加崇高，历史悲剧之惨烈和作者对徐、谢二人赞颂之情感的浓烈程度，也更具历史性，更有穿透力，更有共情度。这两句诗既是诗人陈文述诗艺的展现，也是他文史观的抒发。

在《安溪吊谢绪》这首诗的序中，陈文述写道：

> 三官北行，绪投安溪死，门人葬于乡之金龙山。明太祖吕梁之捷，神显灵，遂敕封金龙四大王，立庙黄河上。至今河上遍祀之。

结合序来读这首诗，可以看到一条十分清晰的脉络，即谢绪由人到神的身份转化。这种身份转化的过程，或者说谢绪之所以成为漕运保护神，其实既见证了运河的变迁史，也反映出治理运河之难。

几乎与元军大举攻宋同一时期，即至元十二年（1275），率军南征的伯颜就深感南北水运通道的重要性，他曾奏请疏浚河道、勘设南下所需水驿，忽必烈对此表示赞同，时任都水监的郭守敬因此奉命勘测。

郭守敬的足迹遍及河北大名，山东德州、东平、济宁，江苏徐州等地，他考察了黄河、淮河、御河（永济渠），

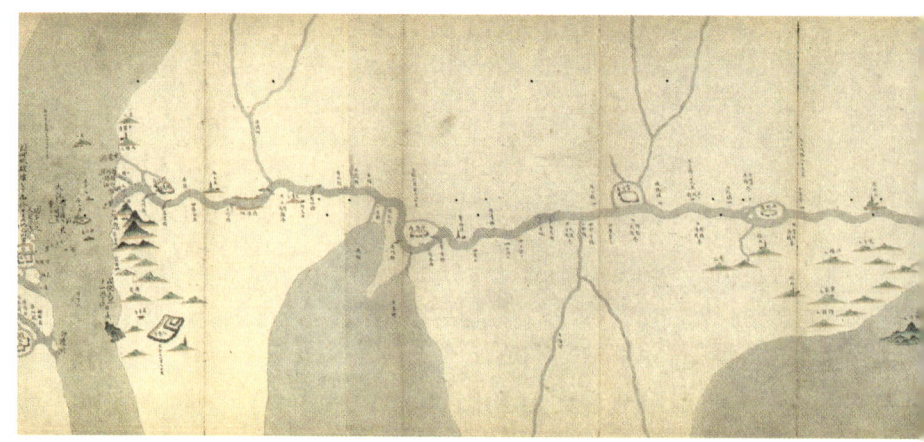

清代所绘运河河道图中的江苏、浙江段。元代时裁弯取直,形成了如今的京杭大运河走向

以及山东境内泗、汶、沂三河,确认了御河、汶水、泗水、黄河之间相互沟通的可行性,对大运河南北贯通的关键河段做出了初步规划,为大运河的改道奠定了基础。

因此,若说郭守敬是元朝大运河裁弯取直的总规划师和总设计师,并不离谱。在这一时期,他还以海平面为基准,测量了黄河故道和汴河,比较大都至汴梁地形地势的高低差——"海拔"的概念于此萌芽,比欧洲人提出的以海平面为地形高低差的基准早了六百年。

可惜的是,至元十三年(1276),郭守敬奉调参与《授时历》的研究和制定,全部精力都在天文仪器设计、天文观测以及《授时历》研究成果的整理上。等他重回水利工作时,已经六十二岁——这一年是至元二十九年(1292),正月,郭守敬以太史令兼领都水监事。这一年八月,开浚通惠河的工程开工,翌年七月完工。通惠河从北京城内积水潭自崇文门外向东,至通州张家湾村与大运河相通。在元朝中后期,每年最多有二三百万石粮食从南方经通惠河运到大都。通惠河完工还不到半年,

忽必烈却去世了。

因为人生际遇,在天文学上为人类做出巨大贡献的郭守敬,没能亲自进一步落实会通河的测量成果。尽管至元二十六年(1289),元朝政府组织开凿了会通河,北通卫河,南接泗水、黄河,从根本上改变了淮河以北大运河的格局与走向,却未能持续改善岸狭水浅的弊端,使得元朝百年统治时间,始终处于运河水源困境之中。终元之世,山东段漕运都以海运为主。或许,这也是郭守敬重掌水利部门时,第一件水利大事是重开通惠河,而非继续解决会通河航道困境的缘故。

无法解决运河的水源问题,是元朝命短的重要原因。元朝的崩溃,最直接的诱因,就是漕运的中断。元朝时期,运至大都的南粮,一度达全国总税粮的六分之五。所以,南粮一断,元朝就离崩溃不远了。1351年始,江南起义频发,切断了大运河航运,也切割着元朝的命脉,导致元朝在最后十几年间,大都漕粮紧缺,长期饥荒,帝国大厦进入坍塌倒计时,连喘息机会都没有。最后朱元璋平定了南方各路军阀，于1368年在南京称帝，闰七月，各路大军沿运河北上，二十八日攻克通州，元惠宗率皇室乘夜仓皇逃回了他们的草原故乡。

郭守敬没机会解决的运河山东段水源问题，直到明朝永乐九年（1411），才被汶上老人白英解决。

而在此期间，黄河与运河交汇的流域，兴起了对金龙四大王的崇拜。

中国大运河，是一条两端低、中间高的南北向河流，最高处平均海拔43米，位于山东济宁汶上县南旺镇。元明时期，大运河与会通河南北两端的高低差达30余米，地势高而水源不足，正是会通河的困境。

白英解决水脊的问题，纾解了会通河水源之困。金龙四大王谢绪则护佑着工程的顺利和通航的平安。

江南运河以北，旧时大运河航道有五大危险之处：

江险——长江之险。长江通海，江面宽阔，运河于镇江与长江连接，既有风涛之险，还有盗贼之险。

河险——黄河之险。黄河之患，历来是运河治理的大问题。

湖险——仅长江以北至山东段，运河以湖为航道的就有宝应湖、白马湖、清水湖、泛光湖、界首湖、高邮湖、邵伯湖等十余个，西北风一大，官民船只常常被刮翻。

闸险——徐州至临清，航道约350千米，由于水位高低落差大，需要大量闸坝调节水位方可通行，致使船只过闸十分艰险，极为艰难，往来者愁渡闸如渡三峡。明代李流芳曾在《闸河舟戏效长庆体》诗中写道：

济河五十闸，闸水不濡轨。
十里置一闸，蓄水如蓄髓。
一闸走一日，守闸如守鬼。

洪险——就是徐州的徐州洪（百步洪）、吕梁洪、秦梁洪三洪之险，尤以吕梁洪最为凶险。泗水流经徐州，因为地理缘故，河若悬河，底下礁石密布，河狭水浅，水势像突然被挤在一起的脱缰野马，往来舟楫稍有不慎，便形同打蛋，就要被冲到两侧山边，船毁人亡。所谓"三洪之险闻于天下"，讲的便是此段河道。

传说中谢绪最初的显灵地，就在吕梁洪。这一民间传说最早的版本，则与朱元璋有关。

据说朱元璋挥师在徐州吕梁洪与元军打仗，将溃败之际，忽见空中旌旗闪烁，有神披甲执鞭，指挥浪涛改道，向北汹涌冲去，击溃了元军的战船，朱军大胜。而朱元璋也在这个打了胜仗之后的夜晚，梦见了一个书生。书生对他说："我是宋会稽人谢绪，宋亡之后投水自尽，今日相助，也是为报当年的仇，抒发我积累了近百年的愤怒。"朱元璋嘉其忠义，诏封为金龙四大王，立庙黄河之上。

这是徐渭所撰《金龙四大王庙碑记》里的说法。

但吕梁洪之战，并非朱元璋亲自指挥。吕梁洪之战发生在至正二十七年（1367）二月，明军主将是傅友德。

故事的另一个版本说，朱元璋在北伐之前，谢绪就示梦给他,说要保佑他大败元军。于是,当傅友德与元将李二在吕梁洪打仗时,谢绪显灵助阵,空中尽是披甲神一样的士卒。这是朱国祯《涌幢小品》里的说法,显然这种说法是结合正史的表达。朱国祯同时还说:"永乐间,凿会通渠,舟楫过洪,祷无不应,于是建祠洪上。"会通渠,就是会通河。"洪上"之"洪",即指吕梁洪。

关于谢绪由人到神的传说,明代《西湖二集》第二十九卷《祖统制显灵救驾》的描述,显得集大成而更通俗,并提到谢绪曾于元朝末年托梦给故乡的人说:"胡虏乱华,吾在九泉之下,恨入骨髓,今幸有圣主矣。但看黄河北徙,此吾报仇之时也。汝辈当归新君,明年春天吕梁之战,吾当率领阴兵助阵,以雪吾百年之恨。"讲完谢绪的托梦,作者接着又写道:"丙午春日,黄河果然北徙,众人无不以为奇。"《西湖二集》之所以浓墨重彩地讲谢绪的故事,乃因作者所秉持的人生立场:

> 世上富贵功名,都是草头之露、石中之火,霎时便过。只看南北两峰、西湖清水,不知磨灭过了多少英雄!何况头上戴得一顶纱帽,腰边攒得几分臭钱,便要装腔作势,挺起肚子,大摇小摆,倚强凌弱,好高使气,不知有得几时风光、几时长久!还是做个好人,怀正直忠义之气,光明磊落之心,生则为人,死则为神,千古不朽,万载传名,天下的人那一个不仰赖他!连后代帝王也还靠着他英灵。比着"纱帽钱财"四字,还是那个风光,那个长久?就是戴纱帽、趁钱财的人,还要在他手里罚去变猪变狗,变牛变马,填还人世之债。

这恐怕是所有写谢绪的文章中,最接地气的一种表达了。言语间虽充斥着个人对社会不良现象的愤懑情绪,但所表达的道理却是在未来也不会过时的。

同样都在称颂谢绪,但这"怒目金刚"式的表达,与前文陈文述诗中的方式,是迥异的。

一个传说人物,众说纷纭,所述有悖,本就是自然的生态文化现象。

在陈文述的笔下,谢绪投河殉节之处,为安溪,旧属钱塘县,今属杭州余杭区。此地南宋时,已称安溪镇,因苕溪之水到了这里之后,水流变得平缓而名,有贸易集市甚为著名,即安溪市。苕溪横贯安溪而流入太湖,安溪因而又分为南安溪和北安溪。

但是,也有不同的声音。如朱国祯《涌幢小品》就说:"元兵入临安,掳太后、少主去。义不臣虏,赴江死。"言下之意,谢绪是在钱塘江投水尽节。

各种版本的记载之不同,传说之多,恰恰是金龙四大王影响力广泛而深远的直接体现。尽管一个生活在杭州的书生,却是在黄河与运河交汇之地率先被作为神的原型而得到崇拜,进而进入国家祀典的原因,众说纷纭,但以谢绪为原型的金龙四大王被奉祀为黄河河神和大运河漕运保护神的信仰,却是在历史中客观存在的。明朝正统年间(1436—1449),金龙四大王的信仰在会通河两岸,从吕梁洪到临清一线,已极为盛行。到了清代,其信仰几乎播迁半个中国。明清时期,祭祀或迎接"大王",叩拜祷告、演戏酬神,在有些地方已成为官民风俗宗教生活之常规。

太平军攻占杭州时,丁丙曾藏身于万安桥田家园的大王庙里,连续两次卜得"清"字,后果然得以逃过一劫。事后为报答大王的庇护之恩,丁丙发起重修杭州湖墅和安溪的大王庙,并整理刊刻与金龙四大王相关的文史资料。其《三塘渔唱》和《北郭诗帐》里均有诗写到金龙四大王：

横里东山祀谢公，云孙忠烈殉金龙。
吕梁一捷神灵显，祠庙风犹怒吼风。

——《三塘渔唱》

金龙行殿建康熙，万舳千家祷祝齐。
四十四言封号焕，北关香火盛安溪。

——《北郭诗帐》

由于谢绪号金龙四大王，所以民间传说中，金色小蛇便成为他的化身。船夫只要看到金蛇游来，必要奉物上香，祭拜一番。据说明清时期，在淮安清江浦，每年霜降之后，便会赛剧酬神，以感谢金龙四大王的护佑之功。若是在此期间发现金色小蛇，就将其供奉高座，奉上戏单，

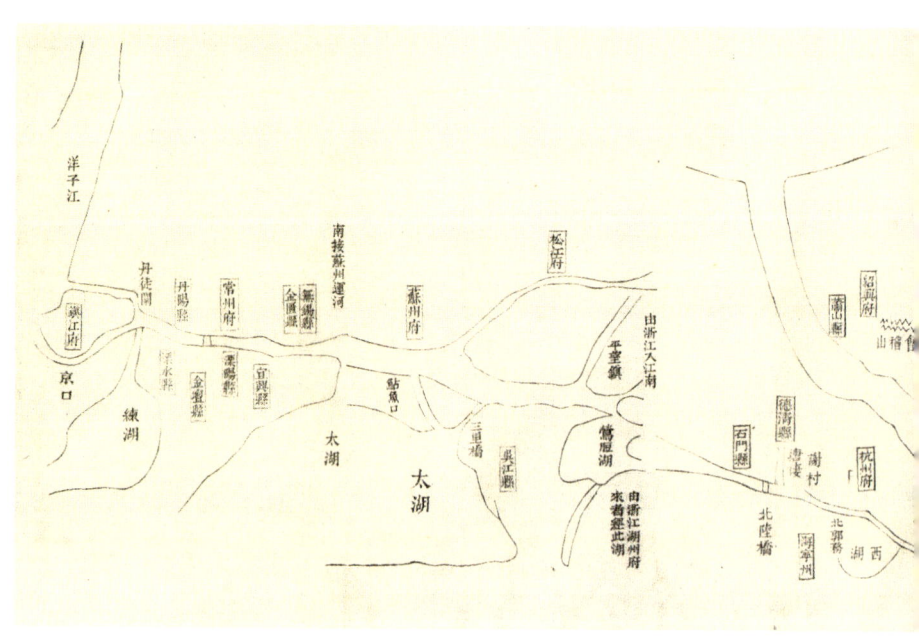

江南运河漕运图

金蛇只要在单子上随便点两三下头,人们便晓得大王要看什么戏。

在谢绪的故乡杭州,一样也有金龙四大王庙。清代各地在杭州的米帮,每年都要在运河畔的湖墅举行庙赛,魏标在《湖墅杂诗》中记云:

江淮贩米泊粮帮,争赛金龙四大王。
台下人观蜂拥至,乱弹新调唱摊黄。

每年农历七月二十四,塘栖、安溪当地的民众还会自发举行金龙四大王出巡的"龙王会"。钱塘安溪金龙四大王庙建成后,每年春秋二仲,地方官员和民众都会开祭于大王庙。直到抗日战争爆发前夕,大王庙祭祀仍被列为杭州重要的民俗活动之一。

"孤山正节还祠庙,从古书生报国多。"杭州是一座有着感恩和崇正尚节传统的城市,亦由此可见一斑。

北新桥：归逢乡井心才稳

大约南宋德祐元年（1275）夏，杭州知名文人董嗣杲途经北新桥。

自上一年，即咸淳十年（1274）夏天开始，南宋大厦已进入加速倒塌的阶段，像一只被老鼠咬了几口的沙漏，里头的沙正急速混入泥土，变成普通泥沙。

七月，宋度宗驾崩，四岁的赵㬎被人扶上帝位。

那无数男人拼尽一切都想得到的宝座，于赵㬎而言却无异于虎口。手中的糖还没吃完，他就要为父祖留下的烂摊子承受最残酷无情的痛苦，就要为他们以及数轮文武大臣的治国无能吞下最绝望的苦果。

这位成年后被忽必烈发配到西藏当喇嘛、法号合尊的皇帝，史称宋恭帝，连个堂堂正正的谥号也没有。而他即位的时候，南宋边疆，长江中上游一带的城市基本已被蒙古大军攻克，蒙古铁骑嗒嗒的马蹄声正呼啸着朝南宋都城临安轰鸣而来，于此相应的是闹哄哄的南宋朝堂一夜间几十名文官携家离京而去……

在这样的时代背景下,作为南宋基层官员,刚刚从武康县令任上退下来的董嗣杲,实在太微不足道了,以至于他根本没有机会考虑回到京城之后还需不需要到哪里去报到,需不需要向谁述职。他心情沉重而又复杂地写下了这首《抵北新桥》:

> 指出飞梁是北新,羁怀冰释返吾真。
> 归逢乡井心才稳,羞对湖山迹已陈。
> 彻钥要芝三径草,怀人空睨一汀蘋。
> 满头残发凝霜腻,达旦梳云却爱频。

北新桥,今称大关桥。飞梁,是对北新桥之高大雄伟的形象描绘,所谓"一桥飞驾两岸"也。羁怀,就是羁旅宦途的纠结心境。

杭州既是京城,也是他的家乡。外仕归来,看到北新桥,就意味着家乡到了,也意味着回到了京城。本来无论回乡,还是返京,都是件值得高兴的事。

大关桥

可如今什么世道？

国将不国，家园也早已荒如弃坟——"彻钥要荄三径草"，这是苍凉凄哀的一句诗，意即回到家掏出钥匙开门之前，得先把家门口道路上的草割了。其荒凉杂乱可想而知。当然，这一看似质朴形象的诗句，其实有着夸张的艺术策略。这种手法也是中国诗歌的写作传统之一，其本质是作者为了将内心里的情愫进一步放大，引发共鸣。

这是一首纠结的诗。

他一面表达当官并非他的志向所在，结束羁宦生涯才是他想要过的日子；另一面表达回到家乡给他心里带来的安慰，乃至有一丝丝的无奈的轻松感。

但他又感到羞愧。羞愧有两层意思：一层类似宋之问的"近乡情更怯"；另一层是在国家将倾之际而无能为力的羞愧，既于家乡有愧，也于朝廷有愧。这是精致的士大夫心理，也是儒生的道统，是所谓"君子怀德，小人怀土"，"国家兴亡，匹夫有责"的自我道德约束下的意识流露。

自南宋偏雄于临安，在南宋人笔下，"湖山"也便是"江山"了。在董嗣杲这首诗中，"湖山"，既指代家，也是国的象征。

作为一名诗人，董嗣杲的诗艺是高超的。他曲曲折折、几乎不动声色地像聊家常一样释放着他冰炭相激的精神世界。这种纠结，正是董嗣杲作为一个儒生和传统社会里一名基层官员的复杂人性的心理体现。

南宋亡国前几年,他身为九江富池榷茶使,出入杭州,寄舟运河,京郊的残破、民生凋敝的景象,已让他悲伤不已,甚至这种支离破碎的社会景象,已令他连风吹过梧桐枯树发出的呜呜声都不敢听了——那哪里是风吹的声音,分明是人间的哀号。那是怎样的京郊呢?他的《谢村》一诗写道:

暮役朝行此可停,临平山色入船青。
烟窑惨淡多逃户,泥井虚圆有废亭。
贫衲施茶营屋小,老渔曝网绕篱腥。
客怀久困飘萧里,风撼枯桐不可听。

这民不聊生,令人倍感凄凉绝望的现实社会,也许已经让他预感到国家将亡,以致他因此颇为消沉,后来他在《寄庐山道士》中写道:

才怀故里余清梦,方说庐山得好诗。
何日与师传菊酒,剧谈浩劫未分时。

然而,尽管他有消沉的情绪,但他仍对南宋怀抱希望。在南宋大厦风雨飘摇的咸淳十年(1274),他在武康①任上还处理了一场叛乱。当时武康有丁姓人氏,托言当时神祠显灵,聚众闹事。合邑骚动之际,董嗣杲果断带兵剿灭:

世降多淫祀,时荒扇盗区。
妖丁肆荒诞,结甲走昏愚。
揭帜营祠庙,椎锣调市衢。
大夫清似水,剿绝莫踟蹰。
(《武康姓丁人号生魂神合邑骚动》)

在其位,谋其政,勇于事,担其责。董嗣杲虽位卑,

① 武康,在历史上,时属杭州,时属湖州,今湖州市德清县武康镇。

但本分。他对家国的深情在诗中屡有体现,除了前面所举之外,还可再举。例如:"共尔添贫病,攒眉说故园。"(《入贵池逢张秀夫》)又如:"难觅围香醉玉仙,短灯油冻梗孤眠。清河坊里灯宵月,负却东风已两年。"(《元宵怀乡》其一)

再如这首《贫游》:

厄贫作客嗟不辰,栖危更觉怀家频。
接泥渡头漫簇云,飞雪成块打倒人。
隔江黄梅山嶙峋,莫障疆场风沙尘。
巴河未放船出津,岁晚客子多苦辛。
伊谁急利行移新,茶引濡滞太不仁。
书生枉困千金身,呕尽心力无由伸。
乾坤误我此行役,徒然梦想南山宅。
庐阜要穷仙佛迹,须将姓字磨崖石。
春风春日春酒碧,脱却俗务劳双屐。
携锄剩采白云薇,只欲了此心愿归。

没有声嘶力竭的陈词滥调,没有浓墨重彩的华丽辞藻,有的只是一个外来榷茶官对疆场的担忧,一个书生对自己无能的叹息,一个游子对家乡的频频思念。这是人性的自然流露,也是多种心念在对峙。

史书总是给读书做官的人设立了很高的道德要求,尤其是在朝代更替之际,更是要求他们要忠于前朝,谁要是当贰臣在新朝为官,谁就是贼子,就会被钉在历史的耻辱柱上。然而,一介书生,一个基层官员,又能如何呢?儒家的纲常伦理往往令人忽略了他们的无奈和挣扎,历史固然要为那些在国家板荡之际挺身而出的忠臣烈士留下隆重的篇章,但也因此抛弃了无数像董嗣杲这样的人的生活本貌。满朝文武束手无策,权臣贪生怕死,

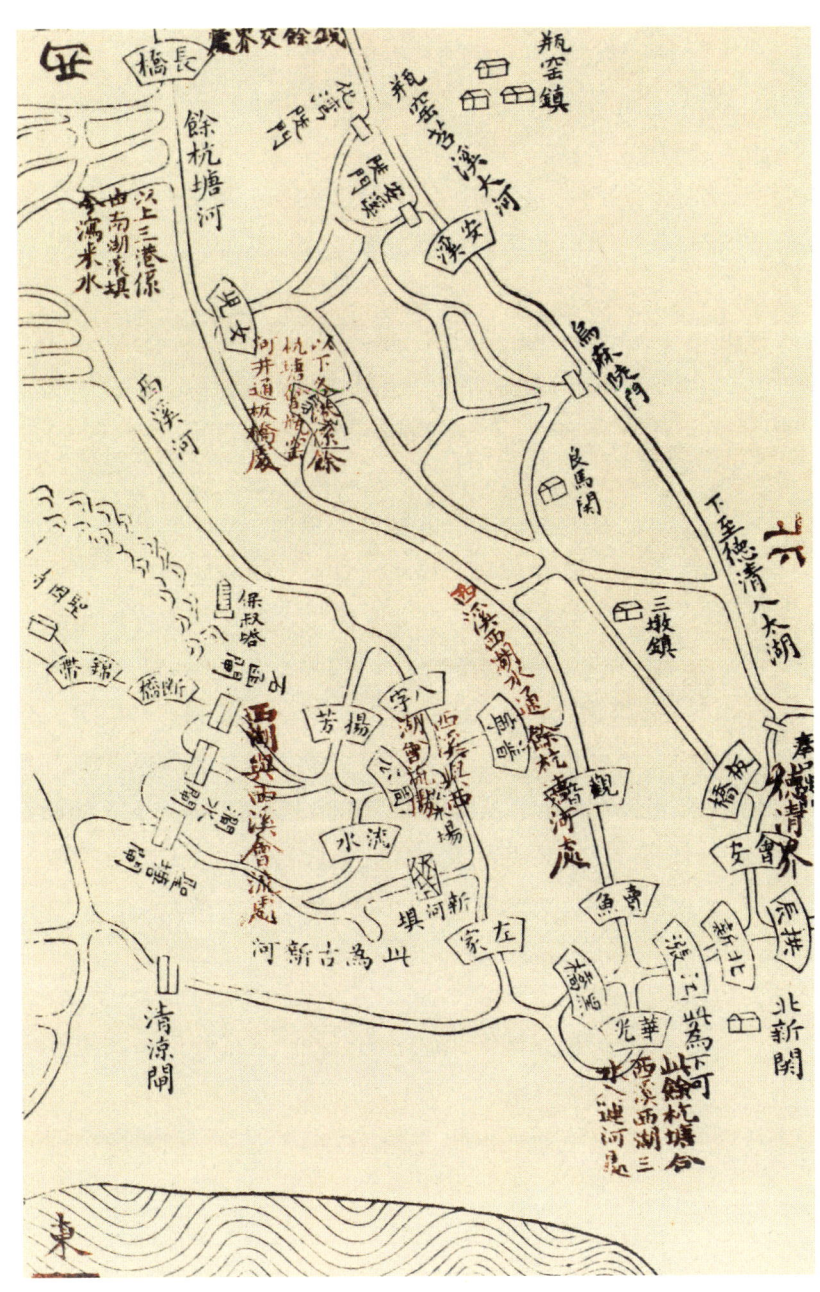

清光绪刻本《浙西水利备考》上的钱塘县水道图（局部），可见北新桥、北新关

几代官僚集团都无法振兴的王朝，谁又有什么理由去苛刻地要求一个花发满头的基层官员不能真实地流露出人性里最脆弱无助的一面和天真地活下去之心呢？或许我们应该明白，在这个世界，并不需要人人都"致君尧舜上"。

这并非他第一次经过北新桥，却是他留传下来的唯一一首以北新桥为题的诗。

榷茶九江富池的时候，他寄舟长江与运河之间，往来富池与临安两地，也是从城北上岸："凌晨泊北津，分手各自忙。"（《招铁镜明上人同舟入京》）

任职武康时，北新桥也是他必经之地："今如梦中觉，乍离官河嘴。板桥余店灯，酒旗三尺纸。狂来发兴深，野航暂时舣。"（《由京买航还武康夜泊中途因醉晓还邑中摭实有赋》）官河嘴，即今小河（西塘河）与运河交汇之处，南宋时北新桥即在两河交汇稍南，今大关桥北约三百米之处，跨运河。这是董嗣杲从杭州返回武康时所作，从诗句中可知他走的是小河，到了板桥（今石祥路跨西塘河北侧）之后，看到酒肆的灯还亮着，酒旗招展，酒兴骤起，遂泊舟畅饮，一醉方休，以致回到武康之时，天已经亮了。

但毫无疑问，这一次，他比之前任何一次经过北新桥都心情沉重。

北新桥于北宋建中靖国元年（1101），由僧人舜钦募建而成，是北宋杭城北部北关镇上最大的一座桥梁。此桥历经三十六载的风吹雨打、人行车踏，到南宋绍兴七年（1137）的时候，桥身已严重受损。当地有位叫陈德诚的长者，面对危桥，寝食难安。他不顾年迈，一次又一次对桥进行勘察，思考修复方案。同时，他也很清楚单凭一己之力断然无法完成修桥福民的心愿，于是联合同辈余庆施、宗宥等人，又找到一位叫梵海的僧人一起，四处募集资金。在他的努力下，越来越多知晓此事者也纷纷襄助，有钱出钱，没钱出力。绍兴八年（1138）初春开工，不到一年时间，新桥造成，名更为"中兴永安桥"。

北新桥一带后成为南宋时期往来船舶的主要停泊处，桥的附近有殿前司管理船舶，还有赵十四相公府。宰相别院竟然卜居于此，可见此地有多么炙手可热了。因而北新桥成为出入杭州的"城标"和乡愁的承载物也顺理成章。南宋淳祐进士萧冰崖有一首《北新桥发舟》：

看诗未了不成眠，自揭吟蓬月满川。
几日秋晴夜来雨，五更半港木犀船。

德祐二年（1276）二月，南宋投降，吴坚、贾余庆等人组成的祈请使团前往大都，北新桥也是城外停泊的政治第一站。

但这一次，对于写下"指出飞梁是北新"的董嗣杲而言，横架运河两岸，展现在他面前的北新桥，却不只是家乡的地标，更是一个寄托过南宋中兴之梦的象征。

一国之兴亡，竟然可以简化到以一桥窗之！

是的，就是如此简单。

可在大时代的转折中，在大历史的变更中，他又能如何呢？他只是一名十分普通的底层官员，更是一位十分普通的个人，最多就是一个才华横溢、才思敏捷的人，这样的人在历朝历代又何曾缺乏？他像许多人一样，除了感慨家国之衰败，只能顺应大变革，继续生存下去。

摆在他面前的，何止是湖山已不是原来的湖山（湖山迹已陈），何止是家园的荒芜，连他的家人故旧也已不知去向了——"怀人空睨一汀蘋"。

然而，他还是有纠结的，传统儒家文化对一个儒生的要求仍在他的精神生活中发挥着重大的影响力。三年后，他仍在纠结着是否要归隐，纠结着如何安排自己的余生——究竟是到城北运河边（北墅）当一个耕田的农夫，还是去当一个方外之人？其《思隐》之一云：

岌嶪愁城不可攻，三年心事入秋空。
虚名已出诸公右，往事都归一笑中。
植杖耘田思北墅，补炉煮药老西风。
临归自照凉池影，不与初来面目同。

最终，他选择了到西湖孤山的四圣观为道士，改名思学，字无益，号老君山人。四圣观是南宋绍兴年间，韦太后回归之后建的皇家道观。元至元二十二年（1285），杨琏真加将四圣观改为佛寺，强令观中道士剃发为僧，董嗣杲亦下落不明。这位据说入山为道之后，在孤山留下过一座早已没了影迹的董静传书楼的人，也是一个平生事迹流传极少，却为故乡留下了上百首诗歌的人。

夹城八景：失传的诗和留存的词

说杭州运河的诗词，《夹城八景》十六首词，总是无法绕过。这留传下来的十六首词，分别为王洪和聂大年所创作，每人八首，一景一首。王洪七八岁的时候，随爷爷迁居夹城巷。他自小就很出色，被视为神童，十八岁就中了进士，时为明洪武三十年（1397）。聂大年是江西临川人，景泰年间（1450—1457）在杭州担任仁和县的教谕，教谕类似于现在的教育局长。

王洪曾作过一篇《夹城八景诗序》，按他在序中的说法，夹城八景起于他的朋友夏文度自杭州城中徙居夹城巷之北隅后，十分喜爱运河两岸的风光，遂提炼为八景，作诗纪之。夏文度的做法，得到了朋友们的响应。前礼部郎中王仪之、乡贡进士张行素、处士项伯藏（王洪恩师，清代丁丙赞其堪为儒学宗师）、孙孟博等当地名士皆作诗相和，联为大轴。于是，夹城八景就在运河两岸传开了。王洪认为夹城八景能被发现，既是夏文度的识见，更是皇帝治国有方带来的恩德。他说他作序的原因，一是表示对夏文度的敬佩和仰慕，二是为了"使乡人观之而咏歌太平"。

同题诗的做法，在中国诗史上数见不鲜。可惜的是，夏文度、项伯藏等人的夹城八景诗失传了，只有王洪和聂大年的夹城八景词流传了下来。丁丙曾有诗称赞他们的隔代同题创作，诗云："侍讲推崇王毅斋，夹城八景谱词来。临江仙续临川聂，二妙齐称绝妙才。"那么，就让我们跟随王洪和聂大年的词，去领略一番明朝杭州城北运河两岸的风景胜迹吧。

夹城夜月

孤月泛江秋，露下高城静。期着佳人夜不来，坐转霜梧影。　吹彻紫鸾箫，宝篆烟消鼎。桂子飘香下广寒，银汉秋波冷。

——王洪《卜算子·夹城夜月》

万里碧霄云散尽，长天孤月流辉。城阴空阔柝声稀。试登高处望，露湿五铢衣。　不见辽东华表鹤，人民昔是今非。惊乌三匝正南飞。银河风露冷，骑得彩鸾归。

——聂大年《临江仙·夹城夜月》

关于"夹城八景"，现在常称为"湖墅八景"，这是俗世的流变和偏爱，但具体景名却未改变。夹城早已消失在时光中，如今尚存夹城巷——西起湖墅南路中段，东至老德胜桥接长板巷。近代关于"夹城夜月"，有两种说法。

一是据说至杭州解放前，老德胜桥西仍有两株数百年树龄的老樟树，根节交错，繁茂的枝叶一直延伸到桥头，遮得人在桥头也看不见月轮，只有在桥阶上蹲下，透过层层交错的叶缝方可领略到月光。有时候在月朗星稀的晚上，透过叶缝还能看到数轮月亮并存的奇景，故而又称"夹城蹼月"，蹼，蹲也。

另一说法，谓昔时老德胜桥上有亭阁，每逢月圆之夜，月轮会在某一时刻落在亭阁之后，从桥侧望去，宛如框中之月，此时若有人立于桥上或自桥上走过，便仿佛人在月中，故而又称"德胜伴月"或"德胜望月"。有点散点透视的摄影味。

这两种说法，在我看来都有点牵强附会，颇似夏夜户外乘凉的大人一边摇着扇子，一边忽悠小孩早些入睡的"哄资"。

从王洪与聂大年的词中可以读出，明代的夹城夜月与近人理解的夹城夜月大相径庭。王、聂二人之词，虽意境不同，但有两样东西却是相同的，一样是城，另一

夹城夜月

样是孤独。

他们所写的夹城夜月，都与人间之城有关，而且都是夜晚之城——王曰：露下高城静；聂吟：城阴空阔柝声稀。王词之城，乃远观之城，词人与城之间尚有段距离，似乎还隔着运河之水。聂词之城，则为近触之城，先是城下，而后城上。明代老德胜桥两岸出现了德胜桥市镇与夹城巷市镇，据明代田汝成《西湖游览志》卷二十二载："夹城巷，东通递运所，四达之衢，市廛殷阜，肩摩踵接。"也就是说，夹城巷是个十分热闹的地方。此外，北关夜市在明清时期十分繁荣，夹城巷距北关甚近，而王、聂之词所述的夹城夜都十分静谧，是夜太深，还是诗人内心之孤独感太深，或是月之缘故？也许只是因为这城，是想象出来的。明代时，有关夹城巷之夹城，有两种说法，第一种说夹城实系吴越国钱王所筑，第二种说乃是元末总兵杨完者为抵挡张士诚军队所筑。其实，夹城巷之名，南宋《淳祐临安志》已有，且该志认为此地是钱王夹城故基之所在。当然，王洪本人并没有见过夹城，他所处的时代此地已无夹城。换言之，王、聂二人笔下的夹城，是基于想象出来的人、城、月的关系和观照角度来写的。

中国是个喜欢月亮的国度。月与日一样，自古牵动着无数人之心，也在各种各样的历史名景中数见不鲜，更是历代文人笔下的常客、诗人的宠儿。月亮与爱情，似乎自有文学时便结下了不解之缘。月既作为一种爱的意象源远流长，也常成为古人感叹自己命运遭际的寄托意象。托月言志，借月抒怀，妇孺皆知的诗句多如海水，无须赘举。

高挂的明月投映在秋季的运河水中，一个人独自坐在河边，箫曲吹尽，熏香燃光，可心上人始终没有出现。夜渐渐深了，渐渐有了凄凉的意味——这是王洪的孤独，思而不得的孤独，与爱情有关的孤独。

世事变迁，人生无常，昔是今非，较之王洪，聂大年的孤独则有几分怀才不遇的意味。彩鸾，既指神鸟又是仙女的象征，唐代唐彦谦《无题十首》之十曾云："几时重会鸳鸯侣，月下吹笙和彩鸾。"聂之思孤高旷远，聂此词高寒清冷，极言对宇宙与古今之慨，欲展尽平生豪宕情怀，但结尾仍不免落在女性身上，在毫无血腥味的文学作品中丝毫不逊于刀光剑影中的儿女情长，别有一番唯美的浪漫情致。可见只要把理想擦亮，心就不会老去。在夹城夜月之类的风光已被现代文明湮没的今天，时时擦亮理想，亦是居安思危的必要策略。

西山晚翠

斜日照疏帘，雨歇青山暮。白鸟鸣边一半开，香霭和烟度。　楼上见平湖，影隔青林雾。吹断鸾箫兴未阑，月照芙蓉露。

——王洪《卜算子·西山晚翠》

一抹夕阳低远树，分明翠敛西山。苍苍松桧锁禅关。疏钟残磬里，倦鸟亦知还。　谷口樵苏归路晚，六桥流水潺潺。行人指点有无间。无风吹散尽，露出豹文斑。

——聂大年《临江仙·西山晚翠》

日出日落，自古牵动过无数人之心。如果说赏月令人起幽思，那么赏日则常常被视为高雅豪迈之举。因此，在各种各样的名景中，自然也就少不了与太阳有关的景致，历朝历代诗词中，亦不乏与日相关之作。

西山晚翠，又称河塍晚翠，讲的就是明清时于河塍地方眺望西山落日的景致。河塍，即今大关桥东北沿河一带。西山，为栖霞岭、老和山、北高峰等连绵山脉之西处。据《湖墅小志》引《秋雪庐杂著》载："河塍近北新关，其地一面临水。入晚，遥眺西山，如房山一幅画图，苍茫云水间，有青翠可爱之趣。"

依今天的城市格局来看，大关桥距西山两地之间高楼层层，鳞次栉比，纵然不是交通高峰期驾车前往，大概也要花40分钟。若以千米计，最短也要有10千米左右。如此重重阻隔，于大关桥眺望西山，实乃把眼珠子瞪到地上也无法目及。幸而聂大年与王洪均有相关词传世，让我们可以从中管窥一二。

聂词写得苍翠欲滴，虚实相间，工丽唯美，颇有专题片的镜头感。王词则由傍晚写至夜深，日月并捉，远近相应，形影皆具，颇具文人雅士之态。然，反复阅读此二词，我仍然热爱不起来。聂词中的西山景，仿佛是站在西湖边所见；王词中的西山景，则更像是一个人吹着鸾箫的心境。

窃想，纵然旧时河塍与西山之间为荒漠，但在运河边又岂能看得到西山的谷口樵苏，闻得到六桥的水声？当然，从艺术手法上，我们可以将其归为虚写，一种源自经验（词人曾游西山之所见）的合理想象。甚至，可以将它们看成是一种比喻，是对西山黄昏之景意境旷远的描摹。那么，我们不妨再回头重读聂词上阕，是否你也突然有了与我一样的感受——此日落西山之境，换成是其他城市的西山夕阳景也是可以的，所谓"一抹夕阳低远树，分明翠敛西山。苍苍松桧锁禅关"，可放之四海皆准也。王洪之词亦况此味，鸾箫何处不可吹，非要扯上西山名？话虽如此，却非批评聂、王二人牵强附会。中国人历来就有囊括名景的传统，于古人所云"立功立德立言"而观，聂、王二人亦是做了好事。

聂、王二人之词充分说明了"山还是那个山，水还是那个水"的哲理，他们的切入点与对景致的感受虽大相径庭，但仍有共性之处，使我们得以从中窥探到旧时河塍与西山之间的地理风貌——于河塍远眺西山，两地之间田庐疏密错落，建筑低矮，视野开阔，鸥鹭翻飞，西山上苍松翠桧成荫，无论春夏秋冬，每当夕阳西照，满山青翠成黛。

半道春红

宿雨涨春流，晓日红千树。几度寻芳载酒来，自与春风遇。　弱水与桃源，有路从教去。不见西湖柳万丝，满地飞风絮。

——王洪《卜算子·半道春红》

记得武林门外路，雨余芳草蒙茸。杏花深巷酒旗风。紫骝嘶过处，随意数残红。　有约玉人同载酒，夕阳归路西东。舞衫歌扇绣帘栊。昔游成一梦，仍问卖花翁。

——聂大年《临江仙·半道春红》

春者，百花齐放，姹紫嫣红，美之所在也。踏春岂可无酒？乘凉不忘植树人，赏春又怎好忘雨恩？何况春雨本就充满曼妙诗意，雨后春景更令人心旷神怡。因而，这两首《半道春红》里均有雨、有酒，并非巧合，更非附会，乃是文化意义上的一种必然现象。

在杭州的地名中，武林门北面的半道红是个大哥级的"老字号"。《吴越备史》里已有其名："半道红在北郊，旧植桃花之所，凡数里。"半道红之名由，《吴越备史》言之确凿,然细度其句,似乎当时半道红已无桃林,否则《吴越备史》何必以"旧"字来说?王、聂二人之词,能让我们相信在明代半道红仍有桃林的,只有王词,但也是语焉不详之状。到了田汝成笔下,则又是另一番光景:"半道红,相传旧时夹路栽桃花,故名。俗讹为半塘洪。"(《西湖游览志》卷二十二)聂大年比王洪小

半道春红

二十二岁，田汝成比聂大年小一百零一岁，百余年光景之间有多少翻天覆地的事可发生。设若王之时代半道红仍有桃林，田之时代桃林消失殆尽，亦在情理之中。

因此，现代坊间关于"半道红"之由来的另外两种说法，就不足为奇了。

说法一，讲此地旧时夹路两旁铁匠铺连排，数量众多，每至夜晚，随着打铁声出现的，便是从铁匠锤下的烧红铁器上迸发而出的无数火星——火星四溅，上下翻飞，宛如细雨，煞是壮观，故称"半道红雨"。

说法二，则充满了血腥的残酷，几乎是对明代"半道春红"之说的颠覆。有言者称半道红雨与宋江等人征讨方腊的战争有关，说当时宋江等人追逃敌，从武林门内一直打到斯地，杀敌无数，血流成河，把这一带的石板路都染得通红，故名"半道春红"。也真是能编了，这多少生命的陨落如雨，与春所给人的生之希望若挂钩，那才是人间灾难呢！冷血如此，不提也罢！

花圃啼莺

旭日照花林，莺啭春风早。一片红云暖不开，无奈春声搅。　乘兴且闲游，莫待韶华老。随意飞红点绿苔，休着家童扫。

——王洪《卜算子·花圃啼莺》

芳圃万花围绕处，软红晴点香泥。金衣公子羽毛齐。为怜春色好，终日往来啼。　记得早朝花底散，金河草色凄凄。数声只在御桥西。东风回首处，香雾满长堤。

——聂大年《临江仙·花圃啼莺》

一样的季节，不一样的气象。半道春红，是潮湿的浪漫；花圃啼莺，是明媚的雅兴。顾名思义，花圃，就是种着各种各样数量众多的草木花卉的地方；啼莺，就是鸟的叫声，声音很清脆悦耳的那一种。可见花圃啼莺充满鸟语花香之意境。

明人张宁《方洲集·西塍小隐记》载："古杭有东、西马塍。地故多畎亩，因畦塍得名。居民至今犹巧于栽植。境界河而中分东西，西塍尤为静胜。路隘曲，度略彴，不可以联骑并驱。从容缓散，行蒙翳丛薄之中，而回环以入，始有佳处。"这段文字与其他文献上对东西马塍的记载有一个非常重要的差别，即其所描述的东西马塍的地貌为他处所未涉。

所谓"境界河而中分东西"，河当指古新河。花圃，地跨东西马塍。

马塍之名，相传源自吴越，为钱王牧马之地，由"马城"讹来。宋吴自牧《梦粱录》卷十八载："其马蕃息至盛（据说有三万多匹），号为马海。"马塍之名虽诞生得较早，但其能名垂青史，似乎更应归功于花圃。早在宋代，马塍就以花圃众多而著名。马塍之草木花卉缘何得以在杭城独占鳌头？明代田汝成、清人魏标与高鹏年均言："土细敏树，杭城四时花卉于此出焉。"当时马塍的村民，多以种花、卖花为生。既然马塍的草木花卉如此受欢迎，其经济价值当然也就备受时人的重视。但时代不同，人心不同，马塍园丁的命运也各不相同。

宋代诗人许棐曾讲过这么个故事，他说东马塍有一位白发花翁，每日勤朴种花，其所卖盆栽皆完整，有造型，有根基，但就是价格比较高，所以生意非常惨淡，经常一天也卖不出一盆。西马塍呢，有一位卖花的少年，此人是个嬉皮士，整日游手好闲，放荡度日，手头没钱时，才捣鼓点盆栽卖，可他专卖没有根的盆栽，纯粹是坑人买卖，但由于他的盆栽表面很好看，价格又非常便宜，所以许多人都争相到他那里消费。

元代诗人张宪也曾讲过一个故事，故事发生在元朝末期，一位种花翁的妻子，因丈夫改行当了兵，随部队南征，十年间杳无音讯，她人单力薄，虽然还是奋力种了点名花却卖不出去。因为战争不仅使有钱人跑的跑，破产的破产，也令整个城市变得跟农村似的，许多名园遭到破坏，变成了部队的营地，加上当时杭州的最高统帅崇尚简朴，反对奢侈，于是出现了有名花而无市的局面。十年下来，她从拥有锦绣田园的富婆，变成了路边的乞妇，穿着打了无数补丁却仍难以蔽体的衣衫。

如斯如镜，一样花，映出的是百样人生。莺虽不言，然其啼或者就是在鸣警世之音。

不过，园丁之忠厚或虞诈，或遭遇之悲惨，并未影响东西马塍花圃对世人的吸引。宋元明清四代里，皆有数量不等的吟咏东西马塍的诗歌，此处不再赘述。

陡门春涨

惊雪喷高崖，雷响青天晓。刚道吴胥驾海来，势压沧溟小。　　两岸是渔舟，波乱飞春鸟。须信神鱼去不留，五色祥云绕。

——王洪《卜算子·陡门春涨》

西北城闉如铁瓮，夜来春涨崩奔。惊涛拍岸撼昆仑。桃花三级浪，何处觅桃源。　　仿佛鸱夷乘白马，潮头日落云昏。渎祇川后亦消魂。琴高骑赤鲤，随水到龙门。

——聂大年《临江仙·陡门春涨》

人们早已习惯把"滴水穿石"引申到为人做事的立场、原则、态度等方面，作为以小见大的一个经典比喻。在这个比喻中，毅力、恒心、用功之深度、广度、持久度，与能否成事是成正比的。"滴水穿石"四个字背后的物理现象，使人们感受到了水的持续冲击力。如果剥离了时间在其中的功效，每一滴水的冲击力显然无比弱小。如果这些水滴汇聚成瀑布呢？其冲击力对于我们而言，已不陌生。与此相类，另一种类型的水滴汇聚，即如江河湖海的浪涛，倘浪涛存在于某些特定的环境或与其他自然现象相遇，其冲击力也堪为可怕。除去以上两种景况，人工之坝、闸所带来的水滴汇聚的冲击力，也是一景。陡门春涨，便为一例。

陡门，亦称斗门，就是人工建造的拦水闸门。湖墅八景之一的陡门在圣堂闸（又作圣塘闸）附近。昔日杭州运河水系上的陡门有两个，以南北分称，而陡门同时又是一个过塘口。旧时不同水系之间如果有塘堤阻隔无法通航，只好通过人工的方式将货物搬过塘堤再另外装船，这个过程叫作过塘。出于地势原因，运河与周围水系之间，历来都有一定的水位差，闸的功能主要有三个，即调整水位差，拦水蓄流，泄洪排涝。陡门春涨，讲的就是在明代，每当春时西湖水满溢，陡门开闸放水入河及河水猛涨的情景。

鸱夷，原指皮囊，民间传说伍子胥被吴王杀后，被装进皮囊扔入江里，故后世以鸱夷指伍子胥。所以，王、聂词中的吴胥与鸱夷均指伍子胥。此二人之《陡门春涨》中，均明用了伍子胥的典故，即伍子胥乘着素车白马，化作滔天巨浪，掀起了钱塘江潮的传说。暗引了苏轼的

《念奴娇·赤壁怀古》中对水冲力的描绘,即"乱石穿空,惊涛拍岸,卷起千堆雪"。与其他"湖墅八景"词不同,此两首《陡门春涨》里,只有典故中的人,而无实景现场中的人,是"河水无情,游客止步"之故,还是陡门泄水之景本就谈不上壮观,不过是词人以小见大,发思古之幽情的结果?实在让人不得不质疑词人,这陡门有多大,能拦多高水,门两边落差又有多少米?其开闸放水的情景,真能与长江、钱塘江相提并论?无论是以今日杭州运河之宽不过六七十米的景况,或以文献中对钱塘门、武林门北一带建筑和水系分布的记载来衡量,陡门之泄水再大再凶猛,也无法企及长江和钱塘江的十分之一。不过,后人已然对李白的"飞流直下三千尺,疑是银河落九天"的艺术手法有了深刻的了解,所以并不难理解王、聂二人对"陡门春涨"之文字的夸张用意,可见在此二人笔下的"陡门春涨",是一种经过诗化处理和文学加工之后的景观。

江桥暮雨

淅沥带秋坰,两岸蒹葭响。何处渔舟暝未还,隔浦闻清唱。　撩乱下枯槎,一夜苕溪涨。天目应添翠色重,回首看晴嶂。

——王洪《卜算子·江桥暮雨》

一叶渔舟吞暮景,夜来江涨平桥。蒹葭两岸响萧萧。水村烟郭外,隐隐见归樵。　鸿雁欲归愁翅湿,谁怜万里云霄。空蒙山色望中遥。钟声何处寺,白鸟没林腰。

——聂大年《临江仙·江桥暮雨》

运河主道上的古桥梁,却以"江"字开头,在杭州,这是唯一的一座。而原因,却与海有关。《嘉靖仁和县志》

江桥暮雨

载:"秦以前,杭城内外皆海之溢流所及……武林门外亦是海水所及。故一则曰江涨务,二则曰江涨桥。"意思是这一带以前常有海水光顾,江涨桥之名即因此而来。果真如此,为何不叫"海涨"?莫非此海水乃钱塘江之潮水?当然,沉积陆地起而海水退至杭州湾,钱塘江形成,古人因而称"江涨"的可能性也不是没有。

史上与江涨桥有关的诗有好多首,如果将有关江涨桥之景致的诗词放在一起比较,会发现其中有个共性,即这些诗词中赞美的江涨桥风景,几乎不是黄昏就是夜色。

江涨桥在杭城北面,是北宋时杭州运河门户之一,浙西商品粮主要集散地。同时,也是水产批发市场,其地旧时鱼行众多,曾与黑桥、水冰桥的鱼行一起,被统称为城北鱼行。城北鱼行主要收购和批发苏、湖、常、秀一带的江河湖泊所产出的淡水水产品,以及杭州运河周边其他溪、潭、浜、荡之间的鱼鲜。各鱼行沿着运河而设,各路渔船彻夜往来运河,摇过江涨桥,也摇来美丽的夜景。所以,又有一种说法,认为湖墅八景里关于江涨桥景色的是"江桥渔火"。清人高鹏年《湖墅小志》引《竹寮夜话》云:"江涨桥与华光桥,作八字式,河面极为开阔。入夜,蟹火渔灯如天上繁星,辉映岸上。"并按:"江桥渔火,湖墅八景之一。"

需要说明一点,现在的华光桥,其位置并非以前老华光桥的位置。

究竟应该是"江桥暮雨"还是"江桥渔火"才算湖墅八景之一,对于地方掌故来说,是个不需要PK得那么清楚的事情。因为它们至少有一个相同的能指,就是江涨桥两岸的夜景十分有看头,在文人雅士眼里诗意十足。

"雨绣暮河增空蒙,灯摇水面两岸明",如此景致能轮番登场,岂非人间美事?民间有言:居不邻市场。这是说市场里鱼龙混杂、尔虞我诈、斤斤计较,实非宜居之地。然而,在江涨桥这样喧嚣的商业繁茂之地,却仍有一分明净的诗意,一片诗性的夜空,这得归功于江涨桥下的运河水。诚如《老子》中所言:"上善若水,水善利万物而不争。"

天色已晚,何处渔舟还未归岸?隔着水面传来的渔歌,是渔者的乐观,还是渔者的命叹?抑或是满载而归的喜悦令人浑然无需理会天气的侵扰?渔者所唱是何腔词,王洪未言,我们不好妄说。归而遇雨,既然翅膀会被打湿,不若索性飞得再高一些,飞到万里云霄,看你这雨能奈我何?这是鸿雁之志。可是人,有时候纵然满腔鸿雁志,却还是比一只小小鸟还不如。这不,暮雨潇潇的天地间,白鸟早躲入林间,而渔者与樵夫仍在归途。聂大年对人事的关注,比王洪多了些悲悯。

爱美之心，人皆有之；赏心乐事，人皆求之。若能在爱美、追美、置身美景妙境之时，稍微关怀一下人事，则不失为积德之举；若在关怀人事的同时还能做到不煞风景，皆大欢喜，则善莫大焉。由王、聂二人在美景词中依然不忘关怀人事的这一点，就能看到文人与雅士的区别。

白荡烟村

绿竹绕清流，草舍人家远。几处牛羊晚下来，烟外闻鸣犬。　禾稼满秋原，路向桑麻转。箫鼓从教乐社神，岁岁长相见。

——王洪《卜算子·白荡烟村》

北郭秋风禾黍熟，牛羊晚食平田。一村桑柘起寒烟。田翁邀社饮，击鼓更烧钱。　处处鸡豚泥饮罢，瓦盆浊酒如泉。往来东陌与西阡。谁言淳朴俗，自有一山川。

——聂大年《临江仙·白荡烟村》

在漫长的历史长河中，田园风光给了无数文人无尽的遐思，甚至成为一部分人寄托美好生活模式的载体。因而，田园文学便也成为中国文学的一个重要分支。这两首《白荡烟村》均属此列。

"白荡烟村"所在地方，即今杭州白荡海区块。据《杭州地名志》记载："村西濒临湖荡，明代尚是一片白茫茫之水荡"，故称"白荡海"。由王、聂二人的词中，我们可以读到竹径、水荡、草舍、牛羊、鸡犬、炊烟、桑麻、稻谷等具有典型乡村特色的景物与氤氲的水汽构成了白荡海的自然景致，而箫鼓、社饮之意象，则呈现了一幕幕自然与人，人与人之间和谐恬淡、宁静淳朴、共存共生的关系。因而,作为湖墅八景之一,"白荡烟村"所展现的,不仅是一种乡村景致的美,还是一种秩序与风俗之美。

时至今日,在白荡海一带,甭说"白荡烟村"的景象已消逝无踪,就是水荡也被高楼与钢筋水泥取替了。只有史书上零星的碎片般的记载,可供我们怀想与揣测其地旧时之芳华。那么,旧时的白荡海,除了拥有上引二词中所描绘的风貌之外,还有什么特色景物吗?概而言之有:一坛一花二食。

一坛,即醮坛。醮坛是当时白荡海一带村民拜斗——礼拜北斗星君的地方。从王、聂二人词中对这一带祭祀风俗的记载,结合醮坛在历史上的存在来看,若说旧时此地道教之风颇盛,应该不算冒昧。先秦时期,诸子百家中,道家所代表的是一种隐士文化。在中国传统文化中,乡村与隐士有着非常深厚的渊源,在某种意义上,乡村也往往成为隐逸生活的象征。故而,旧时白荡海有醮坛,也是十分自然的事。醮坛之存在,也让我们隐隐感受到白荡海所散发的隐逸之气,而这样的气息,或许正是白荡海能令当时的文人心潮澎湃,并从湖墅诸多乡村中脱颖而出成为湖墅八景之一的奥秘所在。不过醮坛在清朝末期就已被当地人废弃了。

一花,即桃花。据清代魏标《湖墅杂诗》讲述,旧时白荡海范围内,曾有个地名叫卜家园,那里种着许多桃花,每年春天,桃花争相绽放,为一胜景。

二食,即年糕与藕。旧时杭州风俗,每年春节,家家户户都要烧年糕吃,意在讨个吉彩,因为"年糕"与"年高"谐音。当时杭城大街小巷,挑着箩筐叫卖年糕的人中,百分之九十来自白荡海,白荡海的年糕也因此出名。

白荡海同时也是个以产藕出名的村落。这里头有个传说，某日，乾隆帝从昭庆寺出来，到白荡海采莲桥歇脚。白荡海里有人正在摸藕，见路人天热口渴，便献上一根鲜藕，乾隆帝吃了连称"好吃，好吃"，于是白荡海的藕就出了名。据说在二十世纪五六十年代，白荡海一带北起观音桥，南至乌蓬桥，约1千米长之地，仍连着五六个藕塘。塘中有莲藕，塘边是桑竹，路旁牛羊鸡鸭成群，东陌西阡，全然一片乡村景致。

关于白荡海这一片风水宝地，还有另一个故事。据清高鹏年《湖墅小志》记载，旧时村中有蔡崧霞墓。蔡崧霞，仁和（今杭州）人，乾隆丁巳（1737）进士。相传蔡崧霞一生清廉正直，但知有民而不知有官。在其当知县的时候，他的上级领导田文镜、李卫声势赫赫，但他却对此二人等闲视之。他的上级做寿，其他官员都争相巴结送大礼，而他所送的寿礼，则是其夫人所织之布。所以他一直都得不到上级的提拔，当了将近三十年的县令。直到他的清廉之名被乾隆帝所知，才从县令升为知府。当了不到三年的知府，又被提升为贵州布政使。故而，他的坟又称蔡布政墓。蔡氏一门自蔡崧霞始，连续七世均有科名；所以，便有人将这种现象归功为风水，说是蔡崧霞之墓所在地方风水好，其后人才会累代科甲不绝。清代文人高鹏年曾特地去看蔡坟，说蔡坟与西湖诸山遥遥相对，"左右前后皆有荡，一片平阳，极为开敞"。从此，白荡海淳朴古雅、地灵人杰的赞词便也传开了。

皋亭积雪

积玉映空青，蓬岛人间近。珠树瑶花满眼开，缥缈仙台影。　便欲跨青鸾，直上三山顶。鹤氅披云看下方，月白银河冷。

——王洪《卜算子·皋亭积雪》

> 昨夜孤峰如泼翠，今朝玉立巉岏。琼林琪树间琅玕。蓬莱尘世隔，弱水竟漫漫。　玉宇琼台千仞表，群仙飞佩骖鸾。不知何处倚阑干。洞箫吹一曲，鹤氅不胜寒。
>
> ——聂大年《临江仙·皋亭积雪》

清晨醒来，发现院子里落满了雪，屋顶也白了，树木披着积雪，宛如镶满了美玉，远处山峰亦是银装素裹，皑皑相连，遥望去，仿佛与天连在了一起。

雪，洗去了人间的嘈杂，洗去了五颜六色的不和谐之物，净化了浑浊的空气，使人间之地在一夜间有了海外仙山的钟灵毓秀，使人间的建筑也恍若天上宫阙。

这样的景致，是肯定会让人兴奋不已的。

江南之雪，不似北方之雪，没有浓重的苍凉与漫长的寒冷感，有的只是明艳的素洁与剔透的温润感。所以每年冬天，期待雪的降临，便成为许多江南人的美好心愿。

雪从云中降落，其形态和特质，早就深深地沁入中华文化的长河，积淀成一种"雪文化"现象，辨雪、赏雪、书雪、画雪等活动促成了人间许多有名的雪景。故而，雪既是天空的信使，也是历史的信使。今天，它所带给我们的信息，便是杭州北部皋亭山的美丽雪景。关于"皋亭积雪"，有两种说法。

一种说是旧时在钱塘江畔鱼鳞大石塘北眺，积雪的皋亭山亭亭玉立，恰似仙女出浴，故而以"玉柱临风"一举成名，到了明代则演变成湖墅八景之一的"皋亭积雪"。

另一种说法，即高鹏年《湖墅小志》所载："沈塘湾之北有单堰坝，坝旁有一凉亭。咸丰庚申之乱，余仓猝避难经其处，题壁成一律，云：'一个邮亭管送迎，南辕北辙往来程。人因避地难为客，鸟也惊魂怕作声。白昼有谁来小憩，青山如我负虚名。夭桃不解沧桑变，依旧花开夹岸明。'按此地即皋亭。皋亭积雪，湖墅八景之一。"相传，这坝旁的凉亭中设有一绞车，凡来往的船只，都靠绞车拖拉过坝。当冬季下雪，观此亭雪景，别有风味。

如果"皋亭积雪"的由来确如高鹏年所述，那么"皋亭积雪"之"皋亭"便很可能不是皋亭山之"皋亭"。清朱骏声《说文通训定声》："皋……此字当训泽边地也。从白。白者，日未出时，初生微光也。旷野得日光最早，故从白本声。"也就是说，"皋"字本意泛指岸边，水旁陆地。而"亭"，则是此地的一个邮亭。"皋亭"二字合起来理解，意即旧时上塘河岸边一个为传递文书之人提供的休息处所。

但皋亭山的自然雪景，确实又是迷人的。这从清人翟灏的《扬嘉桥望皋亭山积雪》可以领略一二：

> 山头雪霁挑鬟列，水际人闲负手行。
> 银岛玉楼何处是，里门未出足幽情。
> 惜他粉笔渲弹处，尚隔平畴十里偏。
> 专待雪消春水长，流云一直到桥边。

在自然雪景之外，皋亭雪又有"绛雪""艳雪""胭脂雪""香雪"之名。"绛雪""胭脂雪"皆指桃花灿烂的景象，"香雪"为梅花绽放的景喻，而"艳雪"二者兼有。有清人记载为证：

皋亭山俗呼半山，其地多桃花，谓"皋亭红雪"。春时城中士人载舫而游。（姚礼《郭西小志》）

乌纱白帢二三子，绛雪明霞千万枝。（屠倬《清明日何藜阁明府招同许青士玉年皋亭山看桃花》）

湖墅有三胜地，西溪之梅，皋亭之桃，河渚之芦花。河渚芦花名曰秋雪，西溪之梅名曰香雪，则皋亭之桃亦可名曰红雪、曰绛雪矣。（陆次云《湖壖杂记》）

白雪积覆，打扮半山琼岛玉柱之美；桃梅盛开，更添上塘锦水焰霞之丽。更何况有时"万树梅花雪里栽，花光雪影夕阳开"，"碧水湾头余白雪，青峰影里遍红霞"，一派雪中有花、花间有雪的景象。

不管怎么说，风花雪月，山山水水，自古即是风雅之士争相追捧的人间美景，而"皋亭积雪"，则风花雪月与山水田园兼具。作为一个崇尚自然美的民族，中国人对雪的认识，不仅是物质的，更是精神的。

王洪与聂大年的这两首空灵、散淡、俊逸、洗练的词，超尘绝俗中略带几缕淡淡的寂寥、伤感和怅惘。读之，如轻风夹着雪花拂过浮躁的尘世。这不仅是江南之雪，也是明朝之雪，飘落在两个士子的内心。这不仅是光阴之雪，也是大运河文化之雪，至今仍兆着这片水域两岸的丰年。

北新关：玉童齐唱懊侬歌

北新关的嘈杂水面，忽然响起清婉的曲调，音色细腻绵糯，声透运河两岸。仿佛白居易在浔阳江头的那一个夜晚又重现，茫茫江夜，究竟谁在弹着琵琶？！但此刻还是白天呢！船客们寻声四顾，终于发现船群里的那一股清流——某白发老者带着几名家伎在船上奏唱昆曲。岸上的人们也纷纷停下手中的活计——一年三百六十五天，这月河上还有什么样的人和什么荒唐的事没出现过。但今天好像有点不一样，他们揉了揉眼睛，挖了挖耳朵，终于确定这不是仙人显灵。

这是明朝万历三十六年（1608），中秋节刚过没多久，秋意尚浅天尚热的某日，白发老者六十岁，无锡人氏，这既不是他第一次，也不是他最后一次带着家班到杭州。两年前他曾来过，三年后他还将再来。他一生游历杭州十多次。

只是这一天现场所有观众，恐怕无人知晓老者就是当时江南文化圈的大咖邹迪光，一个特别享受表演被围观的人，一个嗜好书法、绘画、戏曲，且皆精通，中过进士当过官的人。他有一部著作，名《调象庵稿》，这部书的第十八卷里有一首诗写的便是他在北新关玩过的

这件事,诗名《舟过北关令家童捻管度曲两崖间皆出视次若抚兄韵》:

> 霞幢云翣拥回波,杨柳丝丝曳棹过。
> 宝瑟半弹别鹤操,玉童齐唱懊侬歌。
> 麝兰香焰浮赪鲤,麈尾谈高出翠蛾。
> 书在关门腾气紫,谁来乞得五千多。

北新关,全称北新钞关,俗称大关,简称北关,遗址在今杭州大关桥与登云桥之间。运河、余杭塘河、小河三水交汇之处的运河东岸,旧时这段河面称为月河。

明清时期,到杭州的船只往往从月河一直堵到拱宸桥,有时候甚至堵到谢村。因为到了北新关,该缴税的要缴税,该上岸的要上岸,这一来一去,手续一办,船都得停下来。这段河面与其说是通道,不如说是临时停船场。倘若世道好些,那跑一次就够了。倘若世道不好,关吏猛如虎,不把你的行李翻个底朝天那才真叫见鬼了。那么就不是一会儿工夫就能得到放行的事了。即便是在

北新关旧影

世道好的时候，程序也摆在那儿，此间河中的栅栏再童叟无欺，排队也是要的，船的通行速度自然也要慢下来。

尽管这一年杭州因遭受倭寇的侵扰，日子并不是太好过，但从邹迪光的这首诗来看，北新关的吏情还算是好的。倘若有胥吏横加刁难的情况发生，恐怕这首诗得是另一番词语的协奏了——甚至可能连诗都没有。

在他这首诗的题目中，地点、事件和事件的现场效果，一目了然。与之相比，诗句就雅得很。这也是此类纪行诗的一个特点：题目开门见山，诗句绞尽才华。

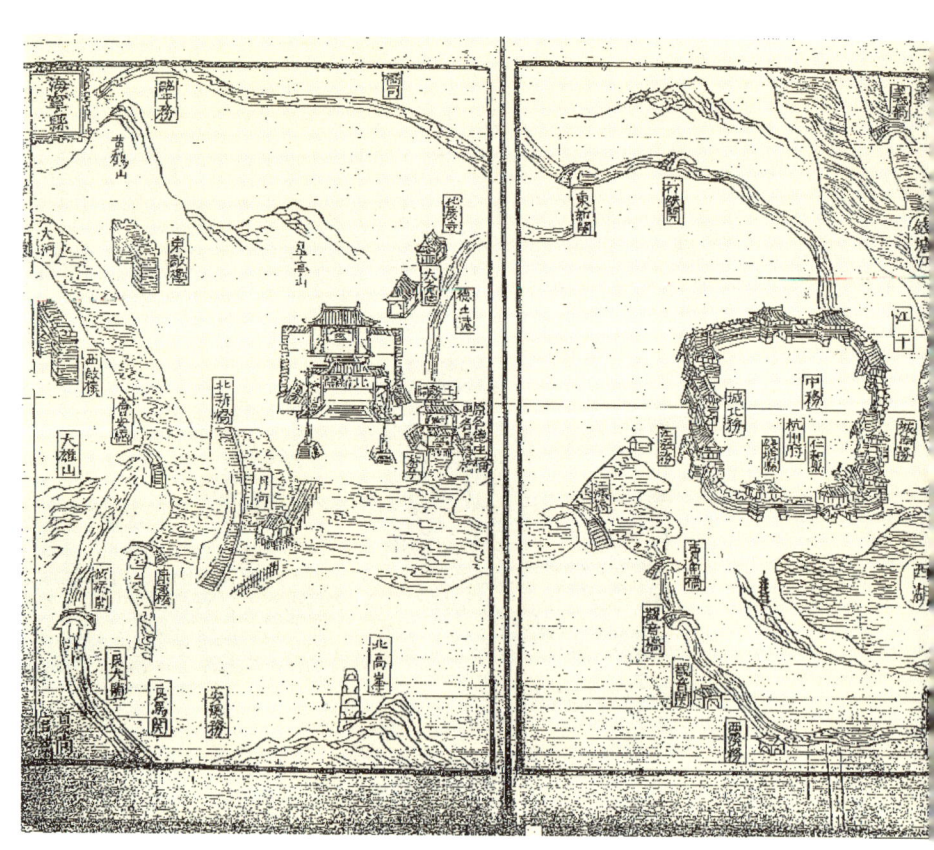

明刻本《北新关图》

首联"霞幢云翣拥回波,杨柳丝丝曳棹过",一拥一曳,甚是工整,令人油然涌现运河上来来往往相向而行船只的画面,也令人感到这是诗人往来江南生涯的一种自况。

"霞幢云翣",可理解为以霞为旌,以云为扇,好比那帝王出巡的仪仗,也像佛教法事的仪仗。对于信佛的邹迪光而言,可能后一种比喻更接近他当时的心念。因此,"霞幢云翣拥回波,杨柳丝丝曳棹过",或可理解为是他以舟为戏台,以运河为戏园,以云霞为幕景的意识的流露,也反映了身临船集河闹之地的邹迪光对大自在和超凡脱俗境界的追求。

颔联有两个关键词:别鹤操、懊侬歌。《别鹤操》,乐府琴曲,此处之意当是在表达漂泊水上的离别情绪;《懊侬歌》,即南朝时期的吴声民歌。此处当非写实,而是借以指代用吴地声腔所唱之曲,即昆山腔(昆曲)。

这首诗写得精致工整。要准确解读,实无把握,今试着用粗浅的话译读:

> 霞云如仪仗,壮丽庄严,倒映在运河的回波中,
> 杨柳斜垂着,婀娜曼妙,牵引着船儿徐徐向前。
> 宝瑟弹了半曲《别鹤操》,玉童合唱着《懊侬歌》。
> 麝兰的熏香很浓,美妙的音乐吸引得红鲤鱼浮出水面长听,
> 像执麈尾高谈般畅快的演奏,令四周的美人纷纷抬头。
> 此刻的北新关,似乎如同当年老子经过的函谷关,紫气焕发,
> 或许此处也留下了五千言书,只是谁能得到它呢?

当时北新关外,船上岸边,三教九流皆有。而邹迪

光其人,无一事不求其至,"求工于雅,一切金银假面、诨语俚言,都所不用"。想想对"雅"的追求近乎苛刻的一个人,竟能在钞关那样的环境间从容自若,旁若无人地欣赏家伎唱昆曲,其意气之风发、风雅之张扬,跃然纸上,俨然魏晋风度的再现。无怪乎钱谦益评价他的时候说:"愚公亡,而江左风流尽矣!"倘若站在会安桥上遥想这段往事,便不难想象当年邹家班在此地河面唱昆曲的情状是何等之风流。喧闹的市井间,升腾起超凡脱俗的雅乐。那道亮丽而独特的风景,不必追问那一刻北新关外的水手商客和妇孺老幼们听了是否久久难忘,纵然放在今朝,恐怕也是要让人念想三日三夜。

会安桥

无论运河文化用何种分类法，切多少等分，戏曲文化都是其中不折不扣的一份。唐代时长安拓枝舞在杭州风行，如果没有运河的开凿，显然是不可想象的。南戏的北上和元杂剧的南下，也是在运河边的城市率先传播。明代各地家班能往来于扬州、无锡、苏州、南京、杭州等城市之间游动演出，无不得益于运河水系的发达。但从诗里行间流露出的意味，邹迪光家班此番的演出，显然是临时起兴之举，而非收取观资的获利行为。

所以尾联他写道："书在关门腾气紫，谁来乞得五千多。"

这一句也将他的家班和专业戏班区分了开来，洋溢着邹迪光的文人心节。他一生追求雅，即使是在充满了铜臭味的税关前，他也要雅一把，也要玩出极致："麝兰香焰浮赪鲤，麈尾谈高出翠蛾。"心有宏渊，红鲤也是知香者；与己高谈，美人只会更美。

自万历二十年（1592）第二次罢归后，邹迪光于无锡惠山下筑愚公谷，自称愚公，安然享受与诗书佛经、花鸟虫鱼相伴，娱丝竹，品茗曲，不时泛舟江南各地，优哉游哉的归隐生活，从四十四岁到六十岁，这生活过了将近十六年。他早已不在乎那些庸俗的事情。

邹迪光晚年信佛，有斋"调象庵"，《调象庵稿》便是由斋名而来。

也是在这北关舟中令家伎唱昆曲同一年，他写信赠诗寄给汤显祖，为《调象庵稿》求序，汤显祖欣然命笔。

汤显祖的才华，邹迪光是晓得的。

汤显祖也曾舟过北新关，邹迪光是否晓得，只有天晓得了。

汤显祖尽管一生中到过杭州的次数十分有限，住在杭州的时间也非常短，却在《牡丹亭》中给杭州留下了浓墨重彩的篇章。

《牡丹亭》的精华部分自然在于杜丽娘和柳梦梅的生死爱情。故事发生地在南安府（治在今江西大余），但是全本五十五出的后半部分，多次出现运河边的城市，其中更有九出戏的场景地是在杭州，分别是第三十九出《如杭》、第四十一出《耽试》、第四十四出《急难》、第四十八出《遇母》、第五十一出《榜下》、第五十二出《索元》、第五十三出《硬拷》、第五十四出《闻喜》、第五十五出《圆驾》。杜丽娘还魂回生后，与柳梦梅完婚毕，便在石道姑的陪伴下一起往京都临安躲避。之后，柳梦梅考取功名、杜丽娘与母亲重逢、杜宝拷打柳梦梅、皇帝为他们评断等事件，都发生在杭州。其中，除了写到运河边的城市，还写到连接这些城市的运河，如《遇母》里杜母的那句："打不上扬州篆，上岸了到临安。"寥寥十二个字，就将扬州和杭州之间一水相系与运河作为当时最便捷交通要道的地理背景交待得清清楚楚。

汤显祖诗歌中涉及的运河边地点有南旺、汶上、张家湾、王江泾等地，有些还讲到运河的功能和盛况。汤显祖经过北新关的次数，至少有四次，时间分别为万历十年、万历二十二年、万历二十五年、万历二十六年。

万历十年（1582），汤显祖三十三岁，应姜奇方之邀到杭州游学，后沿运河到北京。翌年春试，汤显祖以三甲二百十一名同进士出身，观政（进士及第后不立即授官而被派至六部九卿等衙门实习政事）于北京礼部。

北新关旧址

万历二十二年（1594），汤显祖已是遂昌知县，这一年，他需要到北京上计（即述职汇报工作）。大约是在该年冬至日或前一两天，汤显祖从武林门外乘舟经北新关北上。这一年他四十五岁。赴京之前，他在杭州小住了几天，与黄汝亨（字贞父或贞甫）叙旧。后来汤显祖辞官归故里后多次回忆起这件事，并写下"偶忆西湖残雪处""忆别西湖有寒意"等诗句。黄汝亨与汤显祖为至交，虽年纪比汤显祖小，却是汤显祖艺术和精神世界里的重要支持力量，对汤作品的传播也有着不可磨灭之功。万历三十三年（1605）五月十九日，黄汝亨离开江西之际，特地到临川拜访汤显祖，两人于玉茗堂畅饮至半夜方才分别。即便如此，汤显祖尤"黯结不已"。次日一早，汤显祖赶了十五里路，追至城南东馆，两人又促膝畅叙两昼夜，到二十二日清晨才怏怏而别。这次分别，汤显祖还托黄汝亨带《四梦》善本赠送朋友。四梦，即《还魂记》《紫钗记》《南柯记》《邯郸记》，也称临川四梦。《还魂记》，即《牡丹亭》。黄汝亨曾批阅该作品，视其为千秋不朽之作，并称汤显祖为"文章大宗"。

万历二十五年（1597），汤显祖又到了该赴京上计的时候。三月，他第二次以遂昌县令的身份经杭州到北京上计。此时，他厌恶官场之险恶，退隐乡间的想法已十分强烈，遂在北京上计期间，向吏部辞官。南归时，已是万历二十六年（1598），遂昌的吏民跑到扬州接他。他写了两首诗，其一为《琼花观二十韵》，内有两句："四海一株今玉茗，归休长此忆琼姬。"他的这份归休之心，比陶渊明连夜挂印而去的《归去来兮辞》更坦率。虽然归隐临川的汤显祖之后再也没有到过杭州，但他的《牡丹亭》在运河两岸被广为传唱至今，已为世知。

汤显祖一生四过小河驿的时间，第一次是在其意气风发之时，第二次其沉浸在友情的温暖之中，第三、第四两次，则处于对官场心灰意冷之际。或许，《牡丹亭》爱情故事的种子，就这样萌发于往来杭州的途中。

邹迪光的家班，人称邹家班，在当时的戏曲界十分有名。张岱在《陶庵梦忆·张氏声伎》中说，他们家以前并没有声伎，之所以有声伎，就是因为他的祖父在万历年间与范长白、邹迪光、黄汝亨交往之后，深受他们的影响，由此而破天荒为之。张岱也曾带领自己的家班沿运河到镇江、兖州等地游演。有一次，张岱雇舟北行，在北新关的时候，由于船夫私藏酒被关吏查到，船被扣押，事先不知船夫藏酒的他便也只得下船。在等候解决的时间里，他沿着小河逛到了花园岗去买奇花异草。

邹迪光与小河驿的缘分，并不只是"舟过北关，令家童捻管度曲"这一事件。北新关边旧有一条巷，叫德生巷，巷里有座大觉禅寺，唐元和二年（807），由著名禅僧弘辩创建。明嘉靖年间（1522—1566），倭寇多次侵犯杭州，烧杀抢掠，寺内旧有的东坡鼎、元代赵孟頫手书的"十可山房"、元代柳塘和尚手植的百八株长松，均废于此时。只有大佛三尊、诸天等像（皆吕侃、屠玉瓒名迹）及大圆镜光观音镂像，虽屡经劫难而岿然独存。信佛的邹迪光，也曾游览该寺，并作《十可山房题壁》诗一首："纵横不如李子，宛转颇似模棱。今日一椽为盖，他年五岳担簦。"可惜的是邹迪光究竟是何时来到这里，已无法知晓。

河流设卡的地方，河流交汇之处，历来也是人流骈集的中心。倘若一个地方既临河，又有卡，还多水融汇，那么这个地方的热闹景象和文化底蕴之多元便也不言自明。小河驿，便是这样的一个地方。在它多元的历史文化深处，至今仍摇曳着一道道戏曲的幽光。

邹迪光之所以会在北新关前的河面上演奏，汤显祖之所以会四过小河驿，一个很重要的原因就是交通之便，因为运河流经，此地又是当时出入杭州的主要水上通道。明代潘之恒也曾有诗提及，昆山戏班往来杭州，都要在北新关前停泊。他写道："昆山女儿十五许，艳杀西湖花万树。……吴舟只泊北关前，二月芳菲桃李妍。"

大运河不仅是一条戏曲之河，串着百戏，大运河更是流动的舞台。而因有北新关，小河驿也成为明代昆曲流布之驿。

吉祥寺：乾隆二十六年的运河雅集

清乾隆二十六年（1761）九月，晦日，一个晴雨交替的日子，因有五位文人结伴到拱宸桥西吉祥寺游玩，杭州文学史上便多了四首诗，地方史领域亦平添四扇窗。

五位文人分别是丁敬、严铸、包芬、何琪、陈灿。按理说，每人一首，该有五首诗，但包芬的诗失传了。

擅长考据学的丁敬，一如既往地在诗序中逻辑缜密地叙述此番游寺的缘起、途程、见闻、收获等。整篇序，约略可分为六层意思：寺之方位—寺外风貌—忆昔曾游—此游缘起—重游心情—诗出有因。

首先，他用十三个字介绍了寺之方位："吉祥寺去拱宸桥西曲折不里许。"意即吉祥寺在拱宸桥西，与拱宸桥非直线距离大约不到 500 米。

讲寺之风貌，他选了两个要点：桥与树。据其语义，吉祥寺门外，有一座梁桥，有老树，即所谓"平桥导客，老树应门"，是一"颇为幽寂"之处，可算是他此番重游对吉祥寺的第一印象。

接着，他看似漫不经心地带出一句回忆的话：我年少时曾来游过一次。至于此番看到的吉祥寺与少时所见是否有变化，他不说了。来都来了，有没有变化不重要了，似曾相识的意味点到为止就够了，其他的就留白让人充分发挥各自的想象力吧。这也是一份活在当下的从容。接受眼前的一切，才是快乐的基础。

言简意赅、层层推进到第四层，他开始叙述此游缘起，从年月日说到都有哪些人请他同游，随后则夸起了同伴，说他们对他"舟舆兼济，扶掖唯谨"。意即他们一路舟车接送，把他照顾得很周到，对他十分恭谨。丁敬比另外四人年长，是长辈。丁敬不仅夸他们做人好、会做事，还夸他们诗好、情厚："诸子诗笔既清，情话更笃。"一个如老僧般慈祥的长者形象，一幅幅师徒友朋志趣相洽、其乐融融的画面，就在那赞赏后辈的寥寥数语中跃然纸上。

于是，老人家十分干脆地倾倒出此番重游的心情。他先是以游赏时间之长来烘托寺幽人和的氛围，牛人话不多，寥寥八字，余韵悠长——"盘桓流憩，移晷始迁"，然后笔锋迅疾一转，从隐到显，从婉约到豪放，从白描般的冷静叙事到按捺不住似的直抒胸臆，几乎以脱口而出的情状慨然写下："老夫自抱病以来，未有此乐也！"虽时隔二百六十年，但每读至此，仍仿佛闻得一阵阵爽朗欢快、带有杭州方言特色的笑声。

文人之游，如此嘉会，怎能不写点什么？该讲的都讲了，既为诗序，那接下来就该把事与诗、序与诗之间起承转合的关系说一说了。这也是行文至此的必然之举和序之构成所需。丁敬写道："诸子欲以韵言记兹嘉会，因用杜少陵'寺忆曾游处，桥怜再渡时'句韵（其平声），各赋五字近体。"杜少陵，即杜甫。他们之所以选择杜甫重游修觉寺所作《后游》里的诗句为引,或许是出于对杜甫的崇拜,或许是因为丁敬亦属重游吉祥寺。分韵,又称"赋韵",就是先选定某些字作为韵脚,再由数位作者分拈韵字,依照所拈韵字作诗。分韵的做法,是古代诗人们交游、切磋的一种历史悠久的作诗方式。

因为有序,且是记游诗,所以丁敬这首诗的题目也取得让人一目了然,叫《游吉祥寺》,诗云:

> 依依怜法树,似识我来曾。
> 竹霭仍归佛,花光乍倚僧。
> 野云侵稻色,河影荡桥棱。
> 归路晴兼雨,秋阳尚郁蒸。

将所擅长的史学考据功夫充分融汇到诗歌创作中,在丁敬的作品里,或体现在诗序,或流露于诗文,或展现在诗后注。这是丁敬的本色和癖好,构成了他的诗歌特色。

丁敬(1695—1765),字敬身,号钝丁、砚林,另有龙泓山人、清梦生、砚林外史等不下十个别号。他于康熙三十四年(1695)出生在杭州候潮门外一户穷人家,毕生勤奋好学,是"浙派"篆刻艺术宗师级人物,在史学、金石文字学、诗歌、书法诸领域都有较深的造诣。梁同书赞他"擅文同四绝",汪启淑论其诗文"笔力超隽,迥出辈流,兼有皮、陆之博奥,不袭郊、岛之寒瘦"。清邵晋涵、郑沄《杭州府志》评价他"为诗造语奇崛",何绍基说他"作诗务险不趋平"。这些特点,在这首《游吉祥寺》中也是鲜明的。此诗四联八句,颔联、颈联对仗工整,自然流畅中奇谲波峰跌宕起伏。

首联用的是倒装句,一下笔就把节奏往奇崛里带。

"依依怜法树",即是"法树怜依依",明明是他观照了法树,但写出的诗句却说是法树对他有依依爱怜之意。法树,即寺树。"似识我来曾"之"来曾",即是"曾来"。与序联系起来读,首联表达的意思是,法树看到他,仿佛因想念期待已久而生爱怜,似乎还认得年少时曾经来过的他。倘若丁敬活到现在,恐怕要情不自禁地唱出:"我还是曾经那个少年,没有一丝丝改变……"

首联的"曾"与颔联的"仍",构成时空延续关系,阐释吉祥寺作为佛门之地的历时性,以及禅意和佛性,令人领会到吉祥寺有着悠久的传承,至于它存在多少年了,就读者自己想去吧——或许他写的时候,因为吉祥寺之闻名,便认为他不说,世人也会知道。不过颔联最出色之处,并不在此。

竹霭,是竹林间的云烟,是虚的。花光,是花的色彩,是实的。竹霭归佛,花光依僧,一虚一实,一言精神追求,一言客观游历;而一仍一乍,则是永恒与短暂的对比。这种反差的塑造,凸显出丁敬以小出奇、以细微撬动博大,于幽寂之境中锻造深邃、宏阔、高远质地的非凡笔功,凝结了丁敬对事物理态的深刻体认。十个字的组合紧密无间,两句诗相映生辉如佳偶天成,仿佛渠原本就等在那儿,路天然就铺在脚下,只待水至,只待人到,只待他落笔。

颈联所涉为吉祥寺周边自然风光。尾联铺陈当日天气,"秋阳"一词,一扫历代以来附着在秋雨身上浓郁的凄怆味。此二联四句,移步换景,语言实而不平、素不寡味,勾勒出一幅不浓不淡、充满野逸之趣、泛着稻香的水乡古寺郊野图。

与丁敬的重游不同,严筠似乎是第一次来。他的首联写道:"郊外精蓝静,今晨始一游。"精蓝,即寺院的代称;始,则流淌着一分盼望已久的情愫。

严筠,字可亭,又字秋竹,祖上以擅治眼疾闻名。他承继祖业,又善鼓瑟、好为诗,与何琪、陈灿、包芬、顾怀雪、顾书台、沈菘町、陆筱饮同称"北郭八子"。何琪曾说,丁敬很喜欢与严筠同游。

丁敬写到的花、云、水、稻,严筠也写到了,严筠《游吉祥寺》诗云:

> 郊外精蓝静,今晨始一游。
> 秋花欣鸟语,云态恋溪流。
> 木落山全出,天寒稻未收。
> 入门闻梵放,坐听小迟留。

寺院、田野、水郭是他们的共同所见;静和幽寂,是他们的共同感受。

陈灿虽不直接用形容词来表达被触动的心念,但其实他的"茂林藏古寺",亦此况。他的《游吉祥寺》是这么写的:

> 茂林藏古寺,来趁菊花时。
> 语默情皆洽,追陪步为迟。
> 山容如候客,雨意欲催诗。
> 一舸徐行处,清同泛渼陂。

从陈灿诗中可知,丁敬诗中之"花光",严筠诗中之"秋花",主要应为菊花,很可能秋菊还是吉祥寺里一道特色景致。丁敬诗中没写山,严、陈二诗则都提到"山",且都在颈联,然而细究之下,似乎"严山"非"陈山"。

正值落叶纷飞的秋季，叶落视野阔，所以"木落山全出"，这是应时应景、合情合理的。虽已无法晓得严筠诗中之山究竟是皋亭山还是北高峰，但可以肯定的是，此处的"山"是山川的山。

所谓"山容如候客"，既然来到吉祥寺了，总不至于还非要去惦记着爬山运动。因此，候客者，其指向当为吉祥寺。所以，陈灿诗中之山，应非指山体，而是指"山门"，指代吉祥寺。否则，"雨意欲催诗"，不免与此番郊游和分韵作诗的活动背景相悖。

王国维认为："能写真景物真感情者，谓之有境界。否则谓之无境界。"[①]境界需要真景物与真感情的融合，而情感是艺术创作的动力和源泉。当诗人的情思被生活中某象触动，便会有所感悟，便会情思奔涌，从而得以借助对客观象的描写表达出主观情思，实现对境界的创造。"雨"作为一种特殊的诗歌意象，从未间断过触动诗人们敏感的神经，引发历朝历代无数诗人写下无数"雨诗"。雨的催诗效应，杨万里曾以诗精辟论之：

诗人长怨没诗材，天遣斜风细雨来。
领了诗材还又怨，问天风雨几时开。

（《瓦店雨作》）

此游分韵作诗，丁敬分到"曾"，严筠分到"游"，陈灿分到"时"。因他们约定取平韵，所以杜少陵"寺忆曾游处，桥怜再渡时"十个字中，只有曾、游、桥、怜、时五个字可选择，他们此行恰好也是五个人结伴。然而何琪的诗，其韵字不在约定的五个字中，其《陪丁丈龙泓游北郭吉祥寺》诗云：

北墅多兰若，欣兹地更偏。

①王国维：《人间词话》卷上，徐调孚校注，中华书局，2009年。

寒花开小圃，香稻熟平田。
干世诚无策，耽禅或有缘。
重来知不远，一棹到门前。

以此诗的韵脚来看，何琪分到的应该是"怜"字。因此，虽然包芬的诗失传，但可以断定他分到的是"桥"。

兰若，即阿兰若，是梵文的音译，原意为寂静、空闲处，指比丘修行之地，后泛指佛寺。何氏诗首联的意思是说，杭州城北历来寺庙众多，但他更喜欢吉祥寺。从尾联可知，何琪也不是第一次到吉祥寺了。根据该区域其他文献资料综合考证，丁敬诗中的桥，为吉祥桥，因吉祥寺而名。吉祥桥下，旧时有一条几乎与今小河路平行的河道，河之北端断头，南端与连通港河相通，汇入大运河。因此，可以"一棹到门前"。

包芬、陈灿、何琪皆为丁敬的弟子。

包芬，字采南，号梅垞。其书屋前后，遍植梅树，每当梅花开放，则累月不外出。

陈灿，字象昭，又字二西，号曙峰。他工篆隶，擅画山水及古松、野梅、丛竹。其居土墙茅屋，帘外修竹，青照几榻，吟育自适，虽樵苏不爨，无戚戚之容。

丁丙曾以包芬、陈灿二人事迹作诗，云：

龙泓弟子数陈包，修竹梅花压北郊。

何琪、陈灿二人所居相距很近，都在枯树湾（今在拱墅区米市巷街道），所以两人交情既久且深。

何琪，字东甫，号春渚，因有庐称小山居而别号小山居士，又因家住枯树湾而号枯树湾人，此外，又号南湾渔叟、湘砚生、三介居士。他工诗，善隶书，辑有《塘栖志略》。终生布衣，悠然远俗，清介自守。何琪家临运河的地方，有个小亭，他自己给取名叫"放鸭亭"，亲书一联贴于亭柱："青山横北郭；白水绕东城。"阮元曾欲推举他入"孝廉方正"，却被他作诗力辞。阮元感佩他的精神，给他写了个门榜："品重儒林。"乾隆二十一年（1756），何琪在其师王曾祥（字麟徵，号茨檐，"松里七子"之一）的静便斋中与丁敬初识，王曾祥身故后，茫茫无所向的何琪拜丁敬为师。丁敬时年六十二岁。

何琪游寺诗之颔联——"寒花开小圃，香稻熟平田"，所写景物与同伴们所写一致。与严筜只是坐在寺内静听一会儿梵音（入门闻梵放，坐听小迟留）不同，何琪对禅作了更进一步的思考。他对出世入仕的立场和对禅缘的心态，则于诗中可见："干世诚无策，耽禅或有缘。"

未知是由于厉鹗、金农等老友的相继谢世，还是由于乾隆二十一年（1756）接踵遭遇屋焚、父丧、子失之痛，抑或二者皆有，丁敬在进入垂暮之年后，常作寺院之游，并自称"无所住庵有发僧"。

例如乾隆二十六年（1761）秋天与何琪等人游览吉祥寺之后，冬天又与何琪、陈灿游览永兴寺。而在此前一年，即乾隆二十五年（1760），六十六岁的丁敬曾两游龙兴寺，一次在秋天，一次在冬天。乾隆二十七年（1762），卜居祥符佛寺之西。乾隆二十九年（1764）冬，再游龙兴寺，见遭遇火灾之后的龙兴寺陀罗尼经幢巍然无恙，"叹佛力之弥坚，喜古缘之不损，因赋一律记之"。

丁敬只比厉鹗小三岁，但厉鹗去世比丁敬早许多年。

吉祥寺弄旧貌

吉祥寺弄新景

乾隆十七年（1752），丁敬五十八岁，该年九月十一日厉鹗卒，享年六十一岁。丁敬与厉鹗既是一生挚友，还是儿女亲家。丁敬在《挽厉樊榭》中泣告："卅年情抱与君同。"乾隆二十四年（1759）、二十五年（1760），丁敬皆曾抱病卧榻，或许厉鹗那句"一病惊才尽，三生向佛归"，曾在他心中激荡出无法平复的波涛。有鉴于此，并不排除丁敬笔走"竹露仍归佛，花光乍倚僧"时想到厉鹗，因厉鹗曾写下："笑拖双屐入空山，借榻松风竹露间。"（《宿南屏让公房用东坡病中独游净慈韵》）"千畦稑秘望中收，海日初生爽气浮。二十六年弹指过，白头才得倚僧楼。"（《过碛石登西山广福院》其二）

总而言之，丁敬超世归佛的佛缘情结，如山间清泉，似当空皓月，毫无保留。如此，便不难理解何琪为何会写"干世诚无策，耽禅或有缘"了。

丁敬身边的人，无论厉鹗、金农等挚友，还是何琪、陈灿等一众弟子，个个皆是佛门缘深，宦途情浅。只不过他们对佛学禅理的研悟，并非用在晨钟暮鼓的宗教仪式活动，而是以丰富主体精神为目的的审美和观照方式。以禅入诗，禅理佛学，乃是他们的文化素养中的一部分，最终丰富和提升了他们诗歌的审美境界。

此番丁敬五人游吉祥寺，不过是他们一生相处时光中为数众多的寻常雅集之一。

杭州从唐代开始，文人雅集的风尚就不曾断绝。清代杭州诗坛的结社和雅集现象十分繁盛，不亚于前代诸朝，涌现出南屏诗社、六逸会、九老会、瓣香吟社、投壶诗会、古欢吟会等许多享誉大运河两岸、辐射全国的诗歌社群，以及"西泠十子""北门四子""北郭八子"等众多"浙派"风流人物。

文人之间的雅集，既相亲友爱，又切磋交流诗艺，其情也深笃，其境也暖融，自然令人无比怀念。

黄模在《年糕》诗中注："壬午冬，丁龙泓先生招同周亦畊、何东甫、陈象昭、包采南、严可亭作年糕诗，今十稔矣。"壬午冬，即乾隆二十七年（1762）冬天。因而，黄模作此《年糕》诗的时间，当为乾隆三十七年（1772），距丁敬谢世已有七年光景。

而乾隆二十六年（1761）九月最末一天，丁敬、严筠、包芬、何琪、陈灿五人的吉祥寺之游，在一百三十多年后，仍令人追怀叹赏。丁丙有诗记之：

吉祥兰若导诸生，敬叟无如此乐清。
寺忆曾游桥再渡，吟将杜句用平声。

无论这一天多么快乐，多么令人神往，时间都不会为谁停在那年那月那一时一刻。就像那竹霭一样，一如既往朝佛而去；就像那花光，只是短暂地有了僧人做依靠。时至今日，虽然他们早已远去，吉祥寺也无片瓦遗留，但有一条因寺而名的路每天仍人来人往，仍有人乐于倾听欣赏他们留下来的吟咏。这条路叫吉祥寺弄，就在桥西历史文化街区。它带你到过了从前，也可能为你未来留下符号。

忠天庙：壁画引出的中外酬唱

清乾隆三十一年（1766）二月二十三日，北京琉璃厂附近甘井胡同天升客栈。某客房内，几位中国人与两位朝鲜人或坐或站着，虽然口语无法相通，好在朝鲜当时用的也是汉字，所以他们还能够在纸上笔谈。其中两位中国人是严诚（字力庵，号铁桥）、潘庭筠（字兰公、香祖，号秋庵、德园），两位朝鲜人则为洪大容和金养虚。

洪、金二氏刚被迎进门，潘庭筠便在纸上写下数行字，大意是对他们说："昨晚陆解元已到京，我和铁桥兄二人就把咱们四人订交唱和之事，详细说给他听，并将咱们的唱和诗札拿给他看。他听后，颇有相见恨晚之意，连连怅恨来京城到得晚了，不能一起订交，不能亲睹诸兄言论风采，连夜于灯下赶出了五幅绢画，作书信一封，连同他携至京城的五册诗稿作为见面礼，托我转呈三大人及二兄。陆解元为人高雅绝世，现已在京城，可以相会，如何？"

"三大人"即指此番朝鲜出使中国的三位使臣，分别为正使顺义君李烜、副使参判金善行、书状官执义洪檍。该使团一行于乾隆三十年（1765）十月出使清朝，十二月抵京。"二兄"即指洪大容和金养虚。洪大容是洪檍的侄子，金养虚是金善行的堂弟，他们二人以军官通德郎的身份随同出使。

乾隆三十年（1765）浙江乡试（省试），严诚、潘庭筠、陆飞均榜上有名，获得进京参加会试的资格。此番三人赴京，便是为了参加会试。清代科举考试分乡试、会试、殿试三级。乡试的头名叫解元，会试的榜魁叫会元，殿试拔得头筹便是状元。三试皆夺得头名者，即称"连中三元"。陆飞夺得该科乡试头名，因而当时的人又称其为陆解元。

洪大容内心一阵狂喜，落笔急书："是写《莲花》诗的那位陆先生吗？"

洪大容居然读过陆飞的诗，这让潘庭筠甚为心喜，脱口而出"是的"，纸上一个"然"字一挥而就。

洪大容回道："见其诗，愿见人而不可得，今日上天垂顾，得有幸相遇近在咫尺，岂非吾辈之厚缘？"仰慕已久的人物，眼看着就能见到了，洪大容内心一阵阵激动，在心里用他的母语感叹着：真是三生有幸，真是三生有幸啊！

严诚跟着在纸上写下对陆飞的介绍："此公吾辈所仰重者，其人品学术，足为吾辈事法。"陆飞生于1719年，比严诚大十四岁，比洪大容大十二岁，比潘庭筠年长二十三岁。因而严诚以晚辈谦居，用"吾辈"一词。随后，严诚将前一夜陆飞写的信出示给洪大容和金养虚，信上大意有四层。

第一层是对自己因到京城较迟，不能第一时间和洪大容等人结识表示深深的遗憾。

陆飞山水画作

第二层叙述了自己行旅匆匆，一入客栈还来不及安顿，严诚和潘庭筠就向他历叙数日来几人订交唱和、笔谈纵论之事，在拜读了众人手谈的内容及诗札之后，获益良多。

第三层陆飞阐述了自己的尚友之志，表示十分期盼能与他们结交。

第四层陆飞表达了请教之意和求稿之愿，他说："拙稿五册并呈诸公。此飞临行时猝刻也，不特字迹潦草，且多错误，未及校正。其一切未妥处，祈进而教之。稿中有《题自画荷风竹露草堂图》，是飞敝庐，不拘诗文，能各赐一篇，拜贶良多。有《忠天庙画壁歌》，能各赐一篇，则跪拜受之，感且不朽。"

金养虚读信毕，激动万分，立刻建议："我们应现在就去拜访他！"一行四人还未走到门口，门帘就已被人掀开，掀开门帘的人正是大步走近的陆飞。洪大容后来在他的文章中记录了这一刻见到陆飞的印象："躯干短少而肥面白皙，风仪伟然。"身材不高，风采仪容卓异超群，这是洪大容对陆飞久久难忘的第一印象。

在此一百三十年前的冬天，即明崇祯九年（1636）十二月二日，皇太极亲帅十万大军亲征朝鲜，此后两国知识分子之间的交流几乎断绝。洪大容一行此番到北京的目的之一，就是希望能够重启两国知识分子之间的交流，与中国人推心置腹地畅谈。

他在《乾净衕笔谈》①中写道："其所大愿，则欲得一佳秀才会心人，与之剧谈。沿路访问甚勤……"

可惜一路走来，"北京以东，文风不振，或有邂逅，

① 《乾净衕笔谈》是朝鲜李朝哲学家洪大容的作品，因研究需要，故保留繁体字和异体字。

皆碌碌不足称"。在北京虽然得遇两位翰林,但交流下来,水平不佳——"文学甚拙"且"言论卑俗",亦无法交心——两位翰林虽然在家设宴招待过他们,却又"以中外之别,妄生疑畏"。

直到遇见严潘陆三氏,才终于有相见恨晚、一见如故的感觉。洪大容一行在北京期间,双方进行了七次笔谈(陆飞在场两次)。

据洪大容所言:"会必竟日而罢,其谈也,各操纸笔疾书,彼此殆无停手,一日之间,不啻万言。"从严诚笔下的文字,可知此言不虚:"每谈竟日,白全帖子尽七八纸,或十余纸。"数人之间,情投意合,相互学习,笔谈内容所涉范围十分广泛,如经义、性理、诗文、书画、历史、风俗、科学等无所不谈。洪大容回国后,继续通过书信与中国友人联系,直到去世,维系了十六年之久。

洪大容,字德保,号湛轩,是朝鲜李朝哲学家,北学派的先驱,实学派代表人物。此番北京之行,是他一生中有着转折点意义的经历。回国后,他立即着手整理在北京之所得。不到半个月时间,就整理出四帖《古杭文献》。严潘陆三氏被称为"古杭三才",或源于此。之后的一个月里,洪大容又把在京时的笔谈记录整理成《乾净衕会友录》,共三册。乾净衕,即甘井胡同。[①]以此为名,可见他十分珍视与杭州文人的这份情谊。这些记录对朴趾源、李德懋等同时代及比之稍晚的朝鲜知识分子产生了莫大的影响。

朝鲜文坛对洪氏与"古杭三才"的交流记录较多,朴李二氏均曾撰文记录他们的事迹。李德懋有诗题为《论诗绝句有怀陆筱饮潘兰坨严铁桥》,并曾于乾隆四十三年(1778)与潘庭筠在北京会面,亦笔谈如飞,相交甚密。

① 权纯姬:《乾净衕与甘井胡同》,《当代韩国》2000年第1期。

回国之际，孙有义受严诚之兄严果之托，请李德懋将严诚遗著《铁桥全集》带给洪大容。

以洪大容的北京之行为契机，很多朝鲜知识分子先后走访中国，将各种中国书籍和正在清朝流行的新学术带入朝鲜。因此，洪大容、金养虚和陆飞、严诚、潘庭筠的交往，也被后世视为清乾嘉时期东亚文化圈具有标志性意义的历史事件和文人佳话。

乾隆四十五年（1780），朴趾源随朝鲜使团赴北京朝贺乾隆帝七十寿辰，遇到清朝知识分子，也以笔代舌。当他遇见杭州籍官员汪新（字又新），不禁问起："吴西林颖芳无恙否？"汪答："吴西林先生年八十，尚康强，不废著书。"朴又问："陆筱饮飞无恙否？"汪吃了一惊："不识尊兄何以识吴、陆耶？"朴答："筱饮乾隆丙戌春赴试，在京吾邦之士有遇之于旅邸者，其诗文书画脍炙东韩。"

道光十四年（1834）二月十二日，朝鲜人金永爵在寄给中国人帅方蔚（字子文，道光丙戌科探花）的信中写道："洪三斯王父湛轩公，乾隆丙戌入燕，与杭州严铁桥、陆筱饮、潘秋庵邂逅旅邸，道义相勉，数十年音墨常通，至今传为美谭。"严铁桥，即严诚；潘秋庵，即潘庭筠。

实际上，他们之间惺惺相惜、重情重义的交往，岂止是"东韩美谈"，难道不也是两国文化交流史上的佳话和运河南端的美谈吗？异邦文人为杭州运河胜迹专门作记的情况并不常见，洪大容却专门写了一篇颇有史料价值的《忠天庙画壁记》，其珍贵显而易见。这篇文章可分为三段来理解。

第一段，回忆他们之间的交往，并着重讲述了陆飞重情重义、平易近人的人格魅力。洪大容为之感动不已："呜呼，先生之义则高矣，先生之志则勤矣，顾余何足以当此哉！"未见面时，洪大容已有以弟子之礼结交陆飞的念头，然而见面的时候，各自落座后，陆飞坚持以兄弟之礼相待，称洪大容为"弟"，使其感觉"欣然如旧识"。

第二段，写的是陆飞请洪大容为忠天庙画壁写一篇记的事。

洪大容初识严诚与潘庭筠之际，在写给他们的信中，曾明确表示："所仰而终身者，中国之圣人也。是以愿一致身中国，友中国之人，而论中国之事。"这种情怀，也体现在《忠天庙画壁记》第三段里，其云：

> 天下有道，贤者见焉，不肖者隐焉。天下无道，不肖者见焉，贤者隐焉。若少微公之贤，吾不敢知其详。乃若其世，则当明之末叶乎，当东林与阉竖之乱乎？在《易》之大象曰："俭德避难，不可荣以禄。"若少微公者，其贤乎哉。其酒也，其画也，将以俭吾德也，将以成吾隐也，岂其安且乐也，为止于斯而已乎。脱身远引，逍遥于象外。轩冕不相及，缯缴不能施。至病且死，而峨冠博带，卒为乱世之完人。岂非贤欤，亦岂非幸欤！吾闻有德而不食者，于其孙必有报。今先生之贤且才，能继其祖，发解南省，声望蔚然，岂其积德百年，当其将兴之机与。虽然，先生亦既尝豪于饮酒而工于绘事矣。此少微公之所以隐也。今先生乃持此而求见焉，何也？岂以其时世之不相侔而用之，亦异耶！呜呼，吾将以先生之隐见而卜天下之事焉。

陆飞，字起潜，号筱饮。忠天庙在陆飞的人生中，有着特殊的地位。因为忠天庙的壁画,是其曾祖父陆瀚所作。

陆瀚,字少微,因避丧乱来到杭州,住在忠天庙附近,是个十分有意思的人,嗜酒、耽画。一个月的时间,他用半个月喝酒,半个月还"画债"。

陆飞出身诗书画世家,自小就痴迷画画,有"小唐寅"之称。据《湖墅小志》卷二载,其笔法深得曾祖父陆少微的精髓,"凡山水人物,无不入妙。论者谓出自家传,别有秘诀也"。清代书法家、常熟人严寅(字同甫,号介堂)有一回路过陆飞故居旧址,遂忆起同人给陆飞的赠句:"画二文三诗第一,解元才技小唐寅。"

陆飞也是一个喜欢逍遥的有趣之人,生平不仅以擅长画山水和生活方式之特别而著称,更在杭州的人文生活史上留下了浪漫精致的样本。徐珂《清稗类钞》"舟车类"记载:"陆筱饮解元尝于杭州之西湖造小舟,曰自度航,笔床茶灶,以水为家,不复知有软红尘土。"船舱两侧,他自题楹联:得鱼沽酒;卖画买山。后来因为生活拮据,实在缺钱,只好将船卖掉,写了一首《卖自度航诗》,算是给自己一个交代。

与陆瀚所居何处不详有别的是,陆飞造自度航之前在忠天庙附近的住址有迹可循。陆飞将其住处取名为"荷风竹露草堂",地点就在余杭塘河南面不远处的珠儿潭。近代名人徐行恭(号曙岑)于此地营建的延伫园,便在荷风竹露草堂的故址。延伫园占地面积约2亩,建筑面积约300平方米。主楼两层四开间、青砖黑瓦、红漆门窗,前有花园,后有天井,是当时湖墅为数不多的西式花园别墅之一。后来,此地统称珠儿潭巷10号。具体则是现珠儿潭边上的那幢红楼。

忠天庙旧址在小河直街南面，康家桥西面，今余杭塘河北岸，和新南苑小区里。1929年创立的塘河乡国民学校（1949年更名为小河小学）便以该庙为校舍。旧时杭州有两座庙祭祀唐代越国公汪华，其一就是这座忠天庙，另一座则是吴山上的汪王庙。清代汪师韩《湖墅忠天庙画壁歌》里说，每逢正月十八日，汪王生辰，汪氏族众便都汇集到吴山会饮。

陆飞邀请文人为忠天庙写文章，并不止有和洪大容、金养虚的这一回。根据现存文献资料显示，他还曾邀请杭州的汪沆、丁敬等人写过。

汪沆，字西灏，汪华的后裔，清代杭州名士。他应陆飞之邀而作的诗共28句，题为《忠天庙画壁歌陆筱饮孝廉索题》，诗云：

> 我生未谒忠天庙，陆子示我画壁诗。
> 画笔峥嵘出乃祖，清芬述德播诵之。
> 前有作歌钝丁老，和者长篇墨沉随。
> 穷形极态恣刻画，读诗如见画壁奇。
> 中祀社神越公像，庙创何代传异词。
> 溯昔阿麽大业末，群雄扰攘干戈驰。
> 我祖一剑起黟县，六州保障无疮痍。
> 窦融抒忠洵不忝，钱俶效顺嫌犹迟。
> 日月出矣爝火熄，功在社稷铭鼎彝。
> 能捍大灾与大患，祭法协礼佥曰宜。
> 急当买棹北郭去，撷蘩采藻陈清醨。
> 惟闻榜额半漫漶，陈丹暗粉壁亦攲。
> 画壁有孙善表襮，庙貌如故畴匡持。
> 揭虔妥灵后嗣责，卷还诗卷歌怩忸。

隋开皇六年（586），汪华（字国辅、英发）出生于今安徽绩溪。隋末天下战乱、群雄割据之时，汪华起兵统领了歙州、宣州、杭州、饶州、睦州、婺州等六州，建立吴国，自称吴王，后率土归唐，封越国公。所以汪沆说"钱俶效顺嫌犹迟"。唐贞观二年（628），汪华入长安为官。贞观十年（636），他成为负责李世民寝夜安全的官员。贞观十七年（643），唐太宗李世民授予其忠武大将军。汪华深得李世民信任，李世民御驾亲征辽东时，委命他留守九宫。逝后，李世民赐谥"忠烈"。汪华以忠烈之风垂范于后世，成为忠诚的榜样。从唐代到清代，许多皇帝都追封过汪华。从唐玄宗追封其为徽州"百神主"，到宋真宗追封其为"灵惠公"，宋徽宗追封其为"英济王"，明洪武年间（1368—1398）封"广济灵惠王"，再到清咸丰七年（1857）被追封为"圣主洞渊大帝"。汪华的神爵经历了由"公"至"王"再至"帝"的升迁，达到神界的最高爵位。

汪沆的这首诗主要回溯祖上的功绩，而金善行《题筱饮曾祖少微先生忠天庙画壁诗》则表扬了陆飞祖孙的事迹，诗云：

> 高人留绝艺，古壁尚余光。
> 仙佛精神活，尘煤气色香。
> 揄扬先辈笔，悲喜后孙肠。
> 远客聆遗躅，沧桑感慨长。

忠天庙不知始建于何时，但从汪沆的诗中可知，此庙明末已经存在。

汪沆诗中的丁老，即是丁敬。

丁敬与陆飞交往甚密，丁敬曾写有《题陆筱饮何东甫雪饮图》《陆筱饮秀才馈甸头菱戏效杨诚斋律体报之》

《陆筱饮秀才自武昌拓李篆怡亭铭见赠》《重九后一日同赵天庚魏星槎陆筱饮登紫阳山游丁仙阁瑞石洞诸胜》等。汪沆诗中的"丁老作歌",即指丁敬的《正月十八日同王容大过忠天庙观陆少微画壁作歌》。后来,丁敬再次路过忠天庙,又写了一首《冬日重过忠天庙》,诗云:

> 村庙寒生翠,门前树几株。
> 重来如乍到,小坐忽长吁。
> 供茗僧成懒,看碑客转孤。
> 何须悲俯仰,陈迹久荒芜。

丁敬的两首忠天庙诗,皆显示出忠天庙年久失修的模样。陆瀚的壁画,也破损不堪,只是仍依稀可识别其中内容:

> 进探佛屋阑槛冷,画壁模糊半倾倒。
> 三长六法粗可辩,陆瀚丹青艺林宝。
> 毗沙威神剩塔劫,毗首威仪失幢纛。
> 余墨萧瑟讵容识,但见戈铤杂箭筈。
> 森然端丽五天女,三目双瞳犹炯好。
> 水衣风带虽剥落,想见云裳与霞袄。
> 再观罗汉淡如梦,仿佛两躯疑草稿。

后来,陆飞作了《和丁丈敬身观忠天庙画壁歌》。

陆飞出示给洪大容、金养虚看的忠天庙诗究竟是不是《和丁丈敬身观忠天庙画壁歌》,已不可知。但至今我们还能读到这首诗,其中有句云:"君不见庙前流水抱桑田,十围栎树犹蓊蔚。"依稀可见当时忠天庙周边是一派田园风光,乃闹中幽胜之地。当时,余杭塘河还未挖通至此,此地只有兜状的水域与运河连通,有一个十分诗意的名字:芍兰兜。仿佛芍药花之形,却更似兰花之状,因此又叫若兰兜。

一座庙不仅引出了祀主后代与画家后代,以及他们和同城文人的唱和,还引来外国文人的寄题,成为两国知识分子之间文化交流的注脚,如此雅事,如此佳话,实在难得。此间种种美谈,则又展现出运河南端文人和谐相处、互为师友的优秀传统。

御码头：迎来送往日无休

清乾隆二十二年（1757），乾隆帝第二次南巡，在杭州的行宫中，他写了一首《至杭州行宫驻跸八韵》诗，其中头四句为：

塘栖朝启跸，宝庆午维舟。
策马武林入，观民文教修。

宝庆，即宝庆桥，今已不存，旧址在今湖墅仓基新村。仓基，旧称仓基上，传为南宋丰储西仓所在地。清时仍是一个四面环水的运河上的小岛。宝庆桥，就是联通仓基上与武林门外大街（今湖墅南路）的小桥，桥下水非但不宽广，实则乃一河沟，故有"狗头颈"之称。乾隆帝御舟停泊之后，须经宝庆桥入杭州城（武林是杭州的别称）。因此，宝庆桥可以说是乾隆帝到杭州后登的第一座桥——或即源于此，所以杭州地方志上有一种说法，清代每当考举人（省试）之年，若宝庆桥下的河沟畅通不壅塞，那么湖墅考生考中的比例就会高，即民谚所讲"狗头颈通，湖墅登科者众"。

自塘栖驻跸大营至仓基上新码头，航程约四十三里，从前两句诗可知，这四十三里，乾隆帝的船队用了一上午的时间。

江南春季，在中国传统审美文化中，早已是佳时美景的象征。自唐始，在历代诗人眼中，便是个醉人和值得为之不惜千金买酒而度的季节。康乾二帝下江南所选的，便也是在这个时期到达杭州。

康熙帝南巡到杭州的年份，分别为康熙二十八年（1689）二月、康熙三十八年（1699）三月、康熙四十二年（1703）二月、康熙四十四年（1705）四月、康熙四十六年（1707）四月。康熙六次南巡，五次到杭的时间中，二月、四月各两次，在三月一次。

乾隆帝南巡到杭州的年份，分别为乾隆十六年（1751）三月、乾隆二十二年（1757）二月、乾隆二十七年（1762）三月、乾隆三十年（1765）闰二月、乾隆四十五年（1780）三月、乾隆四十九年（1784）三月。其中四次在三月，一次在二月，一次在闰二月。

因有康乾二帝下江南的浓墨重彩，一部清史显得比之前的历朝史更有书卷气，也让大运河的作用得到普及般的推广。倘若不是康乾爷孙十二次下江南，这条大运河是否会在清代断流，还真不好说。当然，若非有大运河，清朝或许也会提前结束。

实际上，清朝皇帝到过杭州的，除了康熙和乾隆，还有雍正和嘉庆，只不过后二位到杭州时，还不是皇帝的身份。

康熙四十四年（1705）四月初三中午，龙舟抵泊杭州北新关码头。

御码头

这是康熙第五次南巡,第四次到杭州,侍从康熙一起来的还有后来的雍正即皇四子爱新觉罗·胤禛。

乾隆四十九年(1784),侍从乾隆帝一起到杭州的,还有皇十五子爱新觉罗·颙琰,即后来的嘉庆帝。

康熙南巡泊御舟的地方在北新关码头,史称旧码头。

乾隆第一次南巡也是在此登陆，自第二次开始，龙舟才改泊湖墅仓基上码头，史称新码头，共五次。换言之，北新关码头一共停泊了六次御舟，迎接过三位皇帝——康熙、雍正、乾隆。仓基上码头一共停泊了五次龙舟，迎接过两位皇帝——乾隆、嘉庆。

为了维系民心，显示皇恩浩荡，康乾二帝南巡，屡次蠲免各地积欠钱粮，浙江也在其列。

例如康熙三十八年（1699），"谕大学士、九卿、詹事、科、道等，朕南巡至浙江，见百姓生计大不如前，年来已将旧欠钱粮尽行豁免"。康熙四十四年（1705），

塘栖广济桥

浙江通省应征地丁银米等项，除漕粮之外，俱行蠲免。

又如乾隆二十二年（1757），乾隆帝第二次南巡，免除浙江累年逋赋①。

现今塘栖广济桥北，即水北街的东边仍保留着乾隆第一次南巡时的御碑。御碑上刻着的那道圣旨，是乾隆离启程还有十一天的时候，即正月初二发出的，主要内容就是蠲免浙江三十万两应征银。接到这道圣谕的浙江官员迅速安排工匠，日夜赶工在塘栖造亭立碑，以示对天恩激动万分的感戴。

同样出于对天恩感戴不已而立的碑，在杭州运河边还曾有过一座万寿无疆碑，原立在北新关码头边。这个碑，是为了给康熙帝六十大寿献礼而立。据《万寿盛典初集》所载，领衔建万寿无疆碑亭的是当时的浙江布政使徐栯。康熙四十七年（1708）十月，他由湖北按察使升任浙江布政使。康熙万寿圣节期间，他自然也免不了上奏感谢皇恩浩荡。皇恩浩荡，需要来点实际的对老百姓有用的东西。而惯常的做法，就是减税免赋。康熙帝做大寿，用的也是这一招："以天下地丁钱粮，已经轮免一周，其京城及各省房地租税五十三年额征，并历年逋欠，亦予豁免。"徐栯大谢天恩，抓住的也是这一题材，即借康熙帝蠲免浙江漕粮之事极力歌颂："浙省康熙四十八年钱粮，曾蒙蠲免，今又蠲免五十年钱粮。三载之中，两载被泽。康熙四十五六七年，旧欠分年带征，今又免征历年旧欠。一岁之内，数岁沾恩，有司省催科，必劳心于抚字，万姓皆温饱，宁致虑乎饥寒。是以十一府之绅衿士民、八卫五所之运丁屯伍，莫不欢声震天，咸仰一人有庆，顿首动地，共祝万寿无疆。"只不过这些话，是由京官代为具题。

①逋赋，指未交的赋税。

塘栖乾隆御碑与水利通判厅遗址

乾隆在《至杭州行宫驻跸八韵》诗中以"塘栖"和"宝庆"置于首联，或许不只是行程关联之故。用"塘栖"恐怕和那块御碑有关，用"宝庆"，则很可能是因为此是他第一次在宝庆桥的仓基上码头泊御舟——这是专门为迎接他而改造的、专属于他的御码头，他没有龙颜不大悦的理由，自然下笔也就垂青"宝庆"了。因此，塘栖的乾隆御碑，乾隆帝应该是亲眼看到过的。

但是，北新关的康熙万寿无疆碑，康熙帝本人肯定没有见到过。因为，康熙四十六年（1707）最后一次南巡之后，康熙帝再也没有到过杭州。

塘栖的乾隆御碑虽一度被砌入水北街民居围墙内，但后来终究又重见天日，并广为人知。北新关的康熙万寿无疆碑，却早已消亡在历史的长河中。

康乾到杭州时泊龙舟的两座御码头在今天的待遇，像极了两座御碑在时光中的不同际遇。如今运河南端的乾隆御码头虽然移位新建以示纪念，但毕竟还是让人们知道了仓基上运河边曾是乾隆帝停泊龙舟的地方。相较而言，北新关曾停泊过康熙帝和乾隆帝御舟，也曾是御码头的属性，则并不广为民间所知。

清末拱墅文人魏标著有《湖墅杂诗》，其中写旧码头和新码头各有一首，分别是：

生小田间学放牛，苗秧买种荡轻舟。
农庄不敢惊官府，泊近河东旧马头。

宝庆桥通新马头，迎来送往日无休。
老翁夸说当年事，五次南巡泊御舟。

这两首诗，字里行间，也反映出了康熙帝和乾隆帝下江南时的不同排场：康熙帝俭朴，乾隆帝豪奢。

康熙南巡所需物品的供应和费用，大多由内务府承担，较为俭朴。随从人马，也不过三百多人。并不许沿途地方官为之修路，不许擅建行宫，驻跸之地多为地方衙署，例如在淮南以漕运总督府为行宫，在苏州、江宁、杭州则以织造府为行宫。康熙帝五次到杭州，前三次都住在涌金门内太平坊的杭州织造府，后两次住西湖孤山行宫。

乾隆南巡，则显得浮华奢靡。尽管他一再降谕，力求节俭并禁止骚扰地方，但事实上并非如此。乾隆南巡不仅沿途纵情山水，挥霍享受，返京后，还于北京、承德大兴土木，仿建东南名胜。

乾隆南巡的随从人员数量，更是康熙时的八倍以

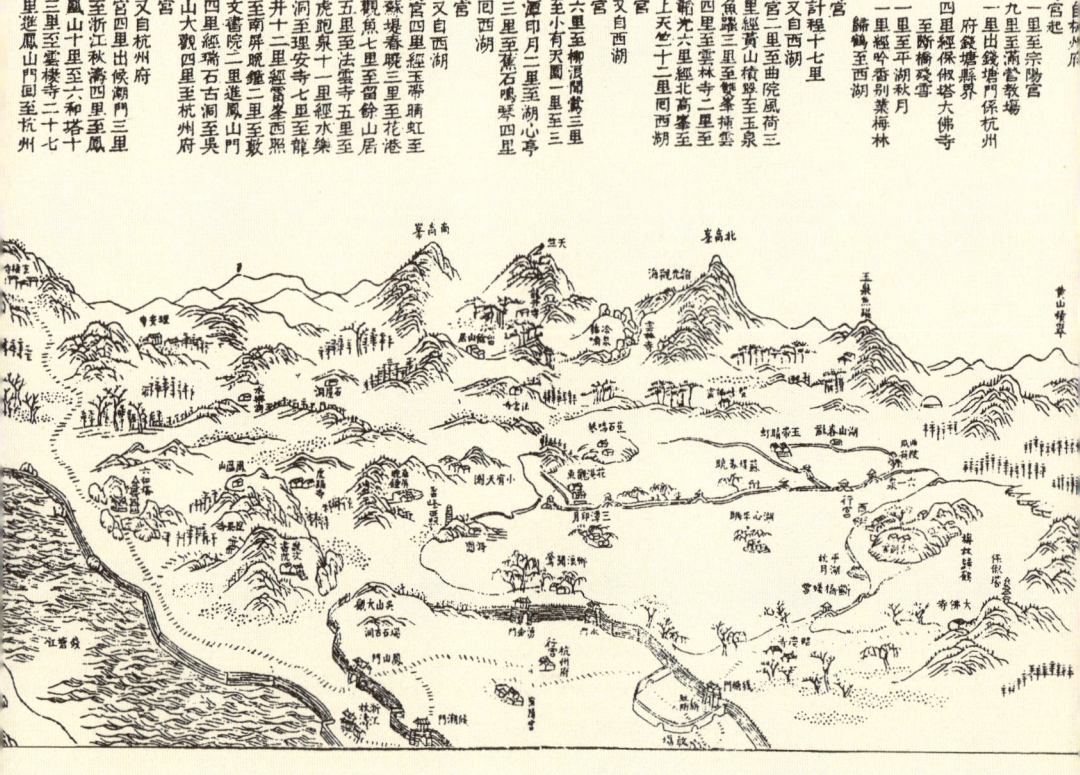

清巡行西湖程途

上——除皇太后、皇后、嫔妃之外，还有众多扈从和官兵，上至王公大臣，下至太监侍卫，前呼后拥，多达二千五百余人。全线道路，南下单程旱路共 1758 里，分为 33 站；水路共 1346 里，分为 19 站。回京单程旱路 1442 里，分为 28 站；水路 1294 里，分为 17 站。往返水旱两路共计 5840 里，97 站。水路走运河，巡幸船只一千多艘，拉纤河兵三千六百人。陆路走，用马五六千匹，骡马车四百辆，骆驼七八百只。所膳用羊，从京师预先送一千头到宿迁和镇江等地。诸如此类，十分奢侈。

相比于康熙帝南巡，乾隆帝南巡给沿途所经地方带去的负担要重得多。晚年的乾隆对此似有所悔意，他曾对近臣说："六次南巡，劳民伤财。"但究竟是哪种程度的悔意，就难说了。毕竟他概括自己执政五十年时最得意的两件事是："一曰西师（对西部用兵），一曰南巡。"（《御制南巡记》）

尽管康熙帝和乾隆帝在运河南端的这条水路上来来回回行走了二十二趟，但对于码头而言，作为御码头的使用率实在微不足道。北新关码头，因是运河南端的税关码头，所以其平日本就繁忙无比，地位也举足轻重，乃至可以说它作为御码头，不过是顺带的一种兼职功能。这也是康熙帝俭朴作风的一个注脚。但仓基上乾隆御码头，则当另论，其是乾隆帝豪奢作风的一个窗口。

在没有御驾的日子中，仓基上的繁华，便属于杭州的百姓和往来商客。仓基上在清代一度是杭州城北的富贵街，闲宦寓居、富人扎堆之地。仓基上运河畔，更有船商索性做起青楼买卖，他们把船装修得脂粉气十足，备有酒、茶、饭菜、糕点等，常年停靠在御码头边，人们将这些船称为"浦鞋头"或"跳板船"。每当太阳西斜，船中的风尘女子就走出船舱，坐在船头招揽生意。个个颇有姿色，精心打扮，坐在一起便更加夺目，从码头上走过，看起来十分养眼，遂成一道风月景。清代高鹏年在其自拟的新"湖墅四景"中，就把此地列在首位，取名"马头春色"①，也无怪乎魏标笔下会写道："迎来送往日无休。"

① 马头，船只停泊处，今作"码头"。

塘栖：诗雨倾盆米价平

自南朝始，江南景色之美逐渐进入诗文。大运河的开通，不仅在地理上沟通了中国东西南北，也浇灌出唐代诗坛上硕果累累的江南诗篇。此后又经一代代诗人马拉松式的接力书写，江南和雨形成了生生不息的共生关系，俨如一个人的肉体和灵魂。

倘若江南无雨，就像川菜无辣，北京没有炸酱面，杭州没有片儿川。

没有骏马的草原只是草皮，雪后的故宫才像故宫，有雨的江南，才是江南。

到江南不曾逢雨，就像他乡闻故知而不得相见，酒逢知己却无法畅饮。

诗人受到雨的触动而写诗，杨万里早有言："诗人长怨没诗材，天遣斜风细雨来。领了诗材还又怨，问天风雨几时开。"（《瓦店雨作》）对，诗人就是"作"。

在江南诗海里，江南多是一派烟雨蒙蒙的景象。江南雨之特色，不仅有令人魂牵梦绕的景致和引发无数共鸣的情愫，还体现在那些充满诗意的地名。那些地名因为经常入诗，或存在于题目，或生长于诗行间，便收获了不同寻常、不同情境的多元时空之美，成为江南的符号，区域的代名词，乃至在某些时候被等同于江南本身。

塘栖，便是这样的一个地方。

自从中国大运河的江南运河段主航道改经塘栖，塘栖的雨就屡屡出现在明清两代诗人的笔下，且多以"塘栖雨泊""塘栖道中"等为诗题。

阅读塘栖的雨诗，也可知晓江南雨的千姿百态：

如细雨："片帆细雨过塘栖"（闵华《塘栖》）；

如小雨："小雨稽邮程"（李慈铭《自临平至塘栖夹岸梅林花开甚盛作四绝句》）；

如碎雨："扁舟昨夜塘栖宿，一篷碎雨敲珠玉"（许瑶光《塘栖晓发》）；

如淡烟细雨："淡烟细雨泊塘栖"（查礼《寒食雨泊塘栖忆庆远郡斋》）；

如大雨："打篷雨歇烛花低，水驿迢迢路不迷"（岳鸿振《夜过塘栖》）；

如春雨："疑著扁舟图画里，一篷春雨万桃花"（施补华《舟中》）；

如风雨："不因风雨减秋光，特送诗情到客航"（吴锡麟《塘栖雨中》），"四十五程灯火夜，一川风雨泊塘栖"

（屠侨《夜行至塘栖遇风雨》）……

塘栖的雨文化，还可分为"雨中塘栖"和"塘栖雨"。

细雨、小雨、烟雨、大雨、春雨等，便是"塘栖雨"。而"雨中塘栖"则是诗人们付诸笔端的在塘栖逢雨的所见所闻，例如元末明初陈基的《塘栖》：

> 牵舟复摇橹，日出还亭午。
> 风递伍林秋，云挟塘栖雨。
> 盈盈采莲桨，坎坎迎神鼓。
> 对此欲忘归，停桡更容与。

这是对塘栖风景的综合印象。虽然风雨可以让景色更美，却也会引起离愁别怨。例如清人吴绮的"客思随云黯，渔歌带雨凉。平生离别意，多在白鸥乡"（《雨后再过塘栖》）。这是有渔舟沐雨而歌的塘栖，也是因雨浇渔歌声渐稀的情景而令人伤起别离之情的塘栖。

塘栖的雨，可醉，清人姚燮有《塘栖舟中持螯独酌至醉》诗。

塘栖的雨，是桑田的命："桑阴沃沃雨浪浪，帆饱江肥客兴长。"（程嘉燧《塘栖道中》）

塘栖的雨，有时候是小清新："新凉雨过晚风吹，荷叶翩翩飐水湄。"（张应昌《辛丑七月塘栖归舟道中》）

塘栖的雨，有时候又交杂着市井和诗意，交织着惬意和无奈："水阔雨冥冥，帆飞去不停。人声两涯断，鱼市一江腥。"（王穉登《塘栖道中》）

塘栖的雨，也是牵挂父母的雨："出门第一夜，便系老亲心。"风雨使出行受阻，诗人本能地想通过回忆、想象去打破那种阻隔。所以冯如璋在这首《塘栖道中风雨不寐》的末句写道："料得高堂上，围炉话拥衾。"

塘栖的雨和别处的雨，有时候并没有区别，只不过是人在变："雨固无虞晴更好，客乡都是太平年。"（汪舜民《次程篁敦塘栖行乐词韵二首赠斗山程君世实》）

这句难免令人想起苏轼的"水光潋滟晴方好，山色空蒙雨亦奇"。然而，在塘栖写下"雨固无虞"，是有客观映射的，并非只是诗人想象力爆棚，或无端的自信。客观之处，就在于塘栖的建筑特色。塘栖有句歇后语，叫"塘栖下雨——淋勿着"，说的是塘栖运河夹岸建筑都有廊檐，绵延相接，下雨天不打伞也不会被雨淋到。例如胡敬《雨过塘栖》中所写："野艇过桥波影乱，长廊遮路屐声稀。"

也就是说，塘栖的雨，既有雨本身的意象，也有与他物联合生成的意象群。

实际上，这些各种各样的雨，都是不同人的内心的反映。因此，与其说是各种各样的雨降到运河上，不如说运河上来来往往过各种各样性格、视野、学养和心情的人。

清嘉庆七年（1802）七月，焦循应阮元之邀，再次游幕杭州，十月离杭返乡。在他七月赴杭途经塘栖时，天下大雨，于是有了这首《塘栖夜雨》：

百亩何堪两月晴，水车声送客舟行。
塘栖一夜倾盆雨，明日钱塘米价平。

焦循（1763—1820），字理堂，晚号里堂老人，是阮元的族妹夫，也是阮元的重要幕僚，《清史稿》称其为"通儒"。焦循本是江苏扬州人，可谓也是"运河之子"，此前他又曾于乾隆六十年（1795）、嘉庆五年（1800）前后两次到杭州给阮元当幕僚。因此，他不但对大运河十分熟悉，对杭州也了如指掌。

这首诗的前两句，是说杭州（也可能是指江南）已经有两个月没有下雨了，不仅田地干旱，运河两岸的农田需要水车不断地驳水灌溉，就连运河的水也浅了，不利于粮船航行，因此塘栖这个夜晚的倾盆大雨便显得弥

塘栖古镇

足珍贵——雨下得大，粮船就能行得顺畅，就能将更多的粮食运到杭州（钱塘），那么米价自然也就下降了，就能够达到平时的正常价格。

然而，这场雨，似乎并未能改变这一年杭州乃至几乎整个浙江歉收的局面。

先是这场倾盆大雨实在太大了，这场雨也并未只下一夜就停。这一月，"风雨大至，钱塘、余杭、仁和、富阳等县，山水并注，田地场灶，多被淹没"①。

其次，洪灾过后，又是旱灾。据《阮元年谱》卷二记载，这一年的九月十九日、十月初八日，阮元先后两次因夏秋雨水不济带来的粮荒向朝廷上疏。

第一次是奏请"将西安、龙游、东阳、浦江、建德、淳安、桐庐、金华、兰溪、义乌、永康、武义、汤溪、江山、常山、开化、遂安、寿昌、缙云、宣平、诸暨、嵊县、富阳二十三县，及近西安之衢州所杭严卫、近桐庐县之屯田所高阜地亩本年应征地丁、漕粮等款，银米及旧欠银米，一律缓至来秋获后，分年带征，以纾民力。如有佃种农民艰于东作，米粮价贵、艰于口食者，量借籽本，或发仓平粜"。

第二次是"奏减价平粜西安、龙游、江山、开化四县，每石减至五钱、六钱、七钱不等"。

尽管焦循在诗中所寄望的事情似乎并未如愿，但他的诗依然反映出他对运河以及塘栖的了解。

杭州武林门外运河，分为三支，即上塘河、下塘河、西塘河（也称小河）。下塘河就是今天从武林门流经拱

① 龚嘉俊、李榕等：《民国杭州府志》卷八十五，台北成文出版社1974年影印民国十一年（1922）铅印本。

宸桥、谢村、塘栖等地的河道,又称杭州塘,是今日中国大运河江南运河段的主航道。

自北宋始,杭州和浙西等地如果闹粮荒,就都只能仰仗大运河运输。实际上,虽然在元末改道之前,大运河的主航道是上塘河,但下塘河、西塘河也没有闲着。下塘河、西塘河至迟在北宋时期,就也已是杭城的"命脉",镇江、常州、苏州、湖州、嘉兴等地的物资都由此运输到武林门外,湖墅米市的形成与发展,"十里银湖墅"之誉,皆与此相关。南宋淳熙七年(1180),作为官道的上塘河接近干涸,难行舟楫,便是用了七天时间临时疏浚西塘河,让粮船得以从安溪奉口运到湖墅。头一天抵达的粮船,就有六百多艘。

江南之所以被唤作水乡,乃是因运河从来也不是单一河道。摊开手掌,凝视掌纹,运河如斯。若非有发达的水路网,恐怕范仲淹也不敢在饥荒时以提高官价的办法吸引外地米商争相贩米来杭。并同时根据杭人喜竞渡,好为佛事的民俗特色,于饥荒年月纵民游竞,建议佛寺兴工,终使杭州平稳度过灾年。此即著名的范仲淹"荒政三策"。有司奏劾其做法"不恤荒政,嬉游不节,及公私兴造,伤耗民力"。他上奏申明缘由:"所以宴游兴造,皆欲以发有余之财以惠贫者,贸易饮食工技服力之人。"那时候,既无文旅融合的概念,也没有先富带动后富的理念,但范仲淹的举措让我们看到以文化为引领,以有余弥不足,进而刺激生产、驱动创新的朴素实践已在杭州发生。

世界的发展要符合客观规律,但人具有主观能动性,人所发挥的作用也是显然的。大运河正是这样的一条河流——因人的意志而诞生,汇聚着中华民族一代代人的辛劳智慧和伟大创造力。

下塘河之所以成为大运河的主航道,缘始于元至正十九年(1359)张士诚的军队对塘栖南五林港(亦作武林港)至江涨桥之间河道的疏浚。塘栖能从明代以前的小乡村发展成后来的江南水乡名镇,第一次机缘便也得益于此。

明正统七年(1442),江南巡抚、工部右侍郎周忱的一个决定,再次改变了那个还是小村庄的塘栖的命运。这一年,周忱实施了从拱墅大关桥到嘉兴石门县之间运河两岸的筑塘工程,并建了七十二座桥。水陆便利得到进一步提升的下塘河,自此拥有了其他河道难以超越的航道地位。塘栖也因此成为杭州城北具有枢纽和桥头堡双重意义的繁华市镇。

清代女诗人沈善宝在其《夜过塘栖》诗中写道:"挂席塘栖路,离乡第一程。"言下之意,塘栖是往来杭城

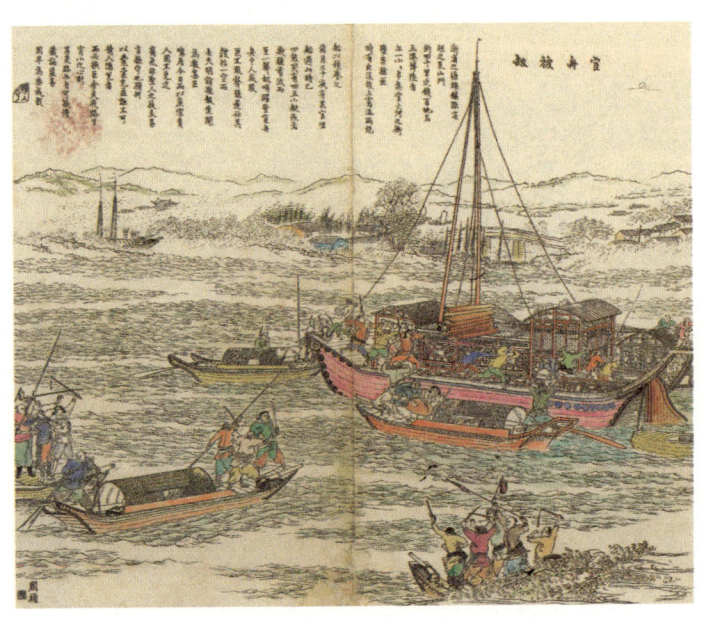

周权《官舟被劫》图上可窥当时行在塘栖运河水道上的船只风貌

的枢纽之地，出了塘栖，便是真的离乡了。

元至正十九年（1359）十二月，常遇春率军攻打杭州，城门关闭三个月，饿死者十之六七。明嘉靖年间（1522—1566），有一回倭寇侵略杭州，城门闭了六天，城中差点内溃。主要原因之一，就是粮食问题，而米船皆在城外。所以明朝当时，就有有识之士指出，截住塘栖，则整个杭城内都将遍地饿死者。

这就是焦循笔下，塘栖的雨和钱塘米价缘何能扯得上联系的文化背景。

与焦循相似，舟过塘栖而联想到米价的，还有比他年长一岁的刘嗣绾。刘是江苏常州人，也是运河之子，其《舟过塘栖》诗云：

> 十里湖天放晚晴，满堂湿翠不分明。
> 人家万瓦水苔色，客橹一枝风竹声。
> 渔舍绿杨曾识面，酒楼青苎最知名。
> 近来渐觉炊烟少，米价江东苦未平。

刘氏这首诗从民生的变化，感叹米价居高不下。其切入点，恰恰与焦氏相反：焦氏叹无雨米价贵，刘氏叹雨多米价贵。这之间的区别，正是农耕文明时代里，旱与涝的辩证关系，也从另一个侧面反映出大运河在农耕文明时代的三大重要功能——交通要道、灌溉农田、泄洪排涝。

而对塘栖来说，因为有了这些诗歌，便也在地域概念之外，生长出了新的美好的样子。换言之，塘栖不仅是一个地域概念，还是一个文化概念和美学概念。

半山：除却西湖，一半勾留

清道光十六年（1836）初夏，三条小船徐徐停在了半山（又称皋亭山）脚下的桥边，五位令人一见即知为城里人的女性从船上下来，手牵着手，款步林间山道，谈笑盈盈。春日半山，万树著花，灿若锦绣，是杭州看桃花的绝佳去处，游客络绎不绝，文人雅士趋若潮涌，留下了许多赏桃花的诗篇。清人顾云写道："春风十里桃花水，载尽吴娃珠翠船。"厉鹗也曾写下："花间上塘水，云里皋亭神。""皋亭山下集游船，半载尊罍半管弦。"

但此时已非春天，半山赏桃花的季节已过，城里人是不大要来的。因而这五位女性的到来，便让半山的农妇们十分费解。她们纷纷放下手头的活儿，围观起这五位精心打扮过的女性。

这五人是什么来处呢？她们是吴蘋香（名藻）、吴茝香姐妹，席怡珊（名慧文）、许云林、沈善宝（字湘佩），是当时女性诗坛上的活跃人物。其中以吴蘋香、沈善宝名气最大。吴蘋香，其师陈文述称其"前生名士，今生美人"，与徐灿、顾春并称清代女词人三大家，与纳兰容若并称为南北"两大词人"。据恽珠《国朝闺秀正始集》

半山望宸阁

记载,沈善宝"博通书史,旁及岐黄、丹青、星卜之学,无所不精,而尤深于诗"。

在半山村民看来,半山的夏天似乎毫无景致可言,所以他们惊诧。但夏日的半山在女诗人们眼中,新叶翠绿如潮,枝头挂满果子,果香扑面袭袂,亦堪品赏游玩。沈善宝后来在《名媛诗话》里回忆此番夏游,说夏日半山的景色"较之春花烂漫、红紫芳菲时,别饶情趣"。

这群不落俗套的赏绿叶者之一的沈善宝,见农妇好奇围观的情景,微笑着吟诵出:"惜花须惜叶,叶好花始茁。花有几时红,叶自经年碧。"这是常熟名媛、袁枚女弟子屈宛仙的诗句。沈善宝的做法在今日,恐怕难免要挨骂,或被诟为"作"。但半山的农妇早见惯了各种游客,想那春日,游人竞至,各色人等哪类没见过?如此见过世面的妇人,纵然讶异她们的到来,却也只是初愕然,并非终不得解。因此,沈善宝吟完诗后,大家相视一笑,算是互相理解了。其中一位农妇还十分热情地邀请她们到家里小坐。当时正是煮茧缫丝的蚕忙时节。吴蓝香看着村民在这风景秀丽之地自给自足、勤劳淳朴的情景，情不自禁地说道："这里的风景不减桃源，只怕下回再来，会找不到此番走过的路。"

桑麻遍地，鸡犬迎人，农妇情意殷殷，拿出梅子请她们品尝。流连半晌之后，五位女诗人重上小船，推篷笑语，隔舫联吟，等到了城中，大街上已是灯火通明。

吴藻对半山情有独钟，她的作品和半山有关的，不下十首，其中一首为《高阳台·皋亭山看桃花》：

阁雨云疏，弄晴风小，薄寒恻恻如秋。有约湔裙，红罗先绣莲钩。酒枪茶具安排惯，倩移来、三板轻舟。莫因循，岁岁芳时，日日清游。　水乡曲折疑无路，又花随柂尾，转个湾头。谢了绯桃，二分春色全休。短篷移入香深处，载新诗、不载闲愁。好溪山，除却西湖，一半勾留。

虽难以断定这首词写的就是她们五人的这一次出游，但词中的"三板轻舟"，"谢了绯桃，二分春色全休"等句，与《名媛诗话》所述颇为相洽。

此前一年，即道光十五年（1835）春分前一日，吴藻和沈善宝这两位清代诗坛的重量级女诗人在杭州相遇，她们"一见倾心，遂成莫逆"。道光十六年（1836）这一次的五人结伴游，也是吴藻和沈善宝首次同游半山。翌年，即道光十七年（1837），三十岁的沈善宝又独自到半山看花，作有《清明前五日半山看花兼访仲英园林》诗四首，其中第三首提到了半山娘娘庙："皋亭山下波如镜，好与神姑照艳妆。"

半山娘娘,是半山的第二位山神,也是唯一的女性山神。半山的第一位山神,是皋亭神,唐长庆三年(823),白居易曾到半山皋亭神庙祈雨。原先,庙在半山腰,半山即因此而名。

皋亭山下水面澄明,仿佛是半山娘娘的梳妆镜。这样的比喻,似乎也只有女诗人才想象得出来。寥寥两句诗,将半山的神秘、半山的仙气点到为止,令人对半山的风景浮想联翩。这两句诗也将半山、娘娘庙、上塘河水系

20世纪30年代崇光寺前的河港和智德桥

之间紧密相依的景况勾勒而出。

十五年后,即咸丰元年(1851)正月二十三日,沈善宝和吴藻再次携手同游半山,此番她们到的是崇光寺,同行者还有沈善宝的女儿友愉,共同的闺蜜周暖姝及其丈夫魏谦升。

半山成为旅游目的地,宋已极盛,累代不衰。崇光寺的建成,更为半山增添了亮色,谱写了佳话,留下了传奇。崇光寺是南宋高宗赵构母亲韦氏的功德寺,初名崇先显孝禅院;绍兴二十八年(1158),受赐"崇先显

1932年,邵祖平与友人在崇光寺前合影

孝禅寺"额；嘉定十二年（1219），改充华严教寺；后来宋宁宗又改禅为教，御书"皋亭山"三字及"崇先显孝华严教寺"八字以赐。因此，该寺在历史上还有过"崇先寺""华严寺""显教寺""皋亭寺"等简称。

崇光寺的松是有名的，清末民初书法家诸宗元写过一首诗，仅从诗题就能领略到崇光寺的松景：《至皋亭山看桃花不得，而崇光寺外夹道有松，可为杭中之冠。归过水村，桃方盛开，为流连久之，赋示同游》。此番沈善宝之游崇光寺，也写下了"松边竹外影横斜，绝胜巢居隐士家"（《花下口占》）的诗句。

沈善宝在崇光寺，还写了一副对联赠寺。此番同游，后来吴藻写了几首诗回忆。其中一首是《皋亭探梅花下口占呈蘋香暖姝蘋香和作》，诗中记录了沈善宝撰写对联的情景："素笺作草书成圣，好句如仙气自华。"可惜时至今日，已无法得知沈善宝的对联内容。另作《送别沈善宝》四首，其三云："红闺诗领袖，健笔擅三唐。旧侣逢京国，怀人话故乡。吴天云渺渺，燕树月茫茫。好话联吟地，梅花古道场。"最后两句讲的就是她们同游崇光寺，坐在梅花树下联句的情景。

吴藻和闺蜜们出游，作联句诗，是她们的必备节目，就好像现在每年春节联欢晚会都要唱《难忘今宵》。

十五年前的半山赏绿叶之游，她们联句写下：

> 缫丝煮茧熟梅天（湘佩），万树清阴覆水边。远岫绿侵词客黛（云林），夕阳红入酒人船（蘋香）。水乡风景浑如画（怡珊），林下襟怀望若仙（茝香）。同倚篷窗赓好句，扫眉才调尽翩翩（湘佩）。

十五年后的崇光寺之行,她们选《清平乐》为词牌,联句而成:

万梅花下(沈),曲曲疏篱亚。流水一湾青玉泻(吴),小坐林间茶话(周)。 微云忽漏斜阳,东风吹送寒香(沈)。花事二分未到,几时重集壶觞(吴)。

传说三国时期,吴国下邳人刘纲,能召唤鬼神,与妻樊云翘同入四明山仙去,后世称为"刘樊仙眷""刘樊仙侣",渐渐地又演变为"神仙眷侣",意即像神仙一样自由自在、幸福美满的夫妻。在吴藻眼里,魏谦升、周暖姝夫妇就是这样的一对佳偶,其《清平乐·滋伯暖姝招同湘佩皋亭探梅舆中口占》词云:

嫩晴天气,绿涨波纹细。一路筍舆行画里,先有咏花诗意。 刘樊夫妇神仙,胜游招入春山。更喜湘君同至,香留翰墨因缘。

吴藻喜欢猫,猫的寿命一般在十至十五年,但她养过一只猫活了十八年。猫死之后,她写了悼猫的《满江红》。一次,周暖姝游半山,给吴藻带了个半山的特产——泥猫。吴藻作了一首《雪狮儿》,词云:

皋亭山上,衔蝉巧样,装成如虎。小市连群,也费青钱无数。跳梁不捕,便置向、书窗何补。翻一笑,博人旧事,笙娲盘古。 痴绝秦家娇女。问等身金化,几分尘土。函谷轻丸,改作北门长护。春纤漫抚,怕粉汗、红粘香污。西湖路,黄胖泥孩同塑。

半山村民擅于捏泥作猫,而卖泥猫的地方,则集中在半山娘娘庙外。据范祖述《杭俗遗风》讲:"半山出

产泥猫,大小塑像如生。凡至半山者,无不购泥猫而归,亦一时之胜会也。"丁丙在《三塘渔唱》中也有诗云:

> 七娘子庙愿香烧,蚕事将忙昼复宵。
> 不聘乌圆怕伤鼠,半山呼伴买泥猫。

相传泥猫可以辟鼠,甚至传说每年半山所有出售的泥猫中,必有一只能变成活猫。一个关于泥猫捕鼠的故事说,曾经有户人家买了泥猫之后,有天晚上刚要入睡,却听到老鼠凄惨的叫声,第二天早晨起来,看到两只老鼠被咬死在放泥猫的案几上,而泥猫则遍寻无踪。这则故事读来令人难以置信,却可反映出半山泥猫的影响力。

半山是吴藻"除却西湖,一半勾留"的地方,这不仅体现了她对半山的爱和对西湖的爱是对等的,更体现了她之所以如此爱半山,除了自然风光、人文胜迹之外,还因为半山承载着她的文人化的生活,风景中有她和亲友们情笃意合的温暖记忆。这样的记忆屡屡出现在她的笔下,例如《恋绣衾》一词,便是吴藻因想念和亲友结伴游半山所作。词云:

> 半山山下水半塘。绿阴阴,梅子正黄。记前度,桃花舫。更无人,重到翠乡。 单衫小扇莓苔坐,恰清和,天气正凉。莫频唱。江南句,一声声,空自断肠。

她们一起登山临水,联文磋艺,互相依偎,彼此点赞,塑造了中国传统诗坛上一道属于女性文人圈的独特而亮丽、温暖而忧伤的风景,也为大运河南端缔造了一扇了解清代才媛交游方式的诗意之门。

拱宸桥：叮咛去楫来桡客

清光绪九年（1883）二月某日，杭州运河北新关北面有一座桥宣告禁止通行。

禁行原因很简单：桥要修了。

修桥原因也很简单：桥得修了。

清军与太平军打仗的时候，运河两岸的堤塘石被挖了许多去造工事，因此河堤不固，桥亦难稳。除此，更直接的原因是太平军在桥面中间筑垒，与左宗棠的常捷军对抗，桥上桥下兵力达数千人，以致桥身过载，渐渐不支。光绪二年（1876），桥已濒临倒塌，因经费有限，只做了简单维修。时日一长，本就苟延残喘而用的桥，哪还堪载？

这座桥，就是拱宸桥，运河南端标志性建筑。

禁行，从这一天开始，将持续到翌年，即光绪十年（1884）五月。

这是拱宸桥自明崇祯四年（1631）建成之后的第二

次重建,也是有维修记录的第四次大型施工。此次重建后的拱宸桥,是一座长二十一丈四尺、广一丈三尺的三孔薄墩薄券驼峰石拱桥,中孔阔四丈六尺,左右两孔宽均为二丈六尺,规模就是今天的样子。南北主孔两旁的长柱石上,阴刻两副楷书楹联。可惜的是北联文字风化太甚,难以辨认。南联内容如下:

迤逦近重城,看半道春红、河塍晚翠;
迢遥通一水,数支分茗雪、路入江淮。

关于开工时间,另有不同说法,王麟书在为此次重建撰写的碑记中说:"兴工于八年孟冬,成于十年仲夏。"也就是说,开工时间是光绪八年(1882)十月。这与丁

卅丈环桥首拱宸

丙在其他著作中提及的时间和丁立中辑编的《先考松生府君年谱》中所言，略有出入。

丁立中是丁丙的儿子，丁丙是这次重建工程的主持者，他有一本诗集《北郭诗帐》，其中一首这样写拱宸桥：

卅丈环桥首拱宸，追怀摸石动酸呻。
叮咛去楫来桡客，慎守金缄效吉人。

这首诗的第一句，所谓"卅丈"，讲的是拱宸桥第一次重建之后的规模：桥长三十四丈五尺，高四丈八尺。重建时间历时三十四个月，即动工于康熙五十三年（1714）二月，落成于康熙五十六年（1717）十二月，主建者为当时的浙江布政使段志熙。

"首拱宸"，是丁丙对拱宸桥的称赞，但他之所以赞美拱宸桥，将其列为第一，或许并非只是想说明这座桥在运河诸多桥梁中规模之大是翘楚，很可能还是丁丙作为传统文人对家国的美好愿望的自然流露。

中国的汉字文化，也是中国人哲学思想和传统价值观的体现。因为"拱宸"二字的语义，以及康乾下江南的故实，拱宸桥也成为杭州运河水系上最有帝气的一座古桥。

在中国传统文化中，皇帝被视为天子。天上星辰之帝为北极星，又称为北辰，居住在紫微宫。古人认为皇帝对应着北辰星，所以在"辰"字上加个表示房屋的"宀"，便表示帝居，"宸"也就成为帝王及其居处的代称。到了后来，明清皇城又叫紫禁城，其源也是一样：天上紫微宫，人间紫禁城。

桥西历史街区

世间的事情就是这样，往往一环套着一环，因为叫拱宸，所以也就有了望文生义的民间传说。

传说这座桥是为了迎接皇帝而造。

可欢迎的是哪位皇帝呢？

拱宸桥始造时，皇帝是崇祯，建桥之时正是明朝多事之秋，帝国大厦摇摇欲坠，崇祯哪里还有心南巡。而有清一代，只有康熙和乾隆二位皇帝南巡。康熙南巡时，于顺治年间倒塌的拱宸桥尚未重建，迎驾之说自然无法成立。乾隆南巡时，拱宸桥虽已经重建好，但拱宸之名却早已存在，显然也不是为了迎接乾隆而改名。

因此，民间传说归民间传说，史家在编撰地方志的时候，虽爱乡心切，却也只能用"象征对南巡帝王的致敬之意"的说辞。

那么，拱宸桥之名的意义，该如何解读呢？

从"宸"字的含义上可以了解到，"宸"既是一个与天子相关的词，是皇权的象征符号之一，也代表着地理方位中的北位。

"拱"字的其中两项意义，一是拱卫、环绕，二是一种外形为弧形的建筑结构，如拱桥。

因此，从辞典和古文中"拱宸"的通义角度理解拱宸桥，可以得出两层意思。

第一，此乃位于城市北方位的一座拱形桥梁；

第二，拱宸的用法，是忠诚于皇帝或者说皇权的一种修辞，这种修辞表现为两个方面，即天下归心的美好愿景和表达效忠之心的行为载体。

换言之，拱宸桥之名，有帝气，但并不囿于向南巡帝王致敬这一项。当然，时至今日，人们说拱宸桥象征着对往来此地之最尊贵客人的欢迎和致敬，应当说是十分贴切的表达。所以，如今大运河南端的人们接待贵宾要喝头三杯酒。第一杯，就叫拱迎酒，取义便来自拱宸桥。第二杯，为旗开得胜酒，来自德胜桥。第三杯，叫走运酒，因为大运河是此地的根和魂。

丁丙写这首诗的时间，在1884年拱宸桥重建之后。然而，他在诗中只记录了前人对拱宸桥的善举，对他自己的善行却一点儿也没有提及。因为那对他而言，实在是再平常不过的事。

讲完拱宸桥的规模，他开始讲人。

清顺治八年（1651），建成才二十年的拱宸桥倒塌了，倒塌后的石头沉入水中，变成了犬牙交错的暗石，往来船只不熟悉地理或稍有不留神、粗心大意的话，船底就会撞到石头，轻则船破漏水，重则船翻人溺。家住运河德胜桥边长板巷、素来急公好义的王湛（字澄之，号瑞虹）见此情形，再也坐不住了，他自掏腰包雇工人，花了十多天终于捞光河底的石头。

康熙十三年（1674），王湛过世。其子王晫（原名棐，字丹麓、木庵）为了表达哀思，从未离开家乡的他，在徐士俊的陪同下，第一次乘舟沿运河北上拜访江南名士，为其父求征诗文，行迹及嘉兴、吴江、苏州、无锡、常熟、宜兴、武进等地，行程月余。

出发的这一天，为九月二十七日，王晫舟过拱宸桥时，父亲雇人捞石的往事涌上心头，历历在目，令他怆然久久。

不过，王晫经过拱宸桥的时候，此地并没有桥。王湛募工捞石为1651至1674年这二十余年中的某一年。而拱宸桥第一次倒塌后，要等到康熙五十三年（1714）才得到重建。

这就是丁丙"追怀摸石动酸呻"这句诗所隐藏的典故。巧的是，为拱宸桥留下笔墨的人中，王晫自号松溪子，人称松溪主人，而王麟书字松溪。或许如今可再加一句：一桥两松溪，先后皆王氏。此为趣谈。

在杭州的地方文化史中，不乏以诗歌形式记录地方史的书籍。例如魏标的《湖墅杂诗》，丁丙的《北郭诗帐》《三塘渔唱》等。这类书最大特色是在每首诗下逐句、甚至逐词加以注释。因此这些书，与其称为诗集，不如唤作地方杂记的史料结集更为贴切。因为这类书之最大意义和无上功德便在于为一座城市记录数百年之掌故，延续乡谣之旧韵，留传古人之逸事，备资史家之采撷。也正因此，我们才仿佛得以探听到历史深处的种种音色。

丁丙《北郭诗帐》里的这首诗，一百多年过去了，人们还能从中了解到背后的故事，最直接的来源当属作者的注释，间接的则来自诗句中的字眼和典故。

那么，所谓"叮咛去楫来桡客，慎守金缄效吉人"，又有何分教？

"楫""桡"，都是船桨的意思。"去楫来桡客"，就是指往来乘船经过拱宸桥的人。

叮咛去楫来桡客,慎守金缄效吉人

据说孔子在周朝的都城瞻仰太庙的时候,看到庙前台阶上立着一座金色的人像,人像的嘴上有三道封条,背上刻着铭文:"古之慎言人也。戒之哉!戒之哉!无多言,多言多败。"这个典故,叫金人三缄其口,简称"金缄",就是警示世人要慎言慎行,管好自己的嘴,以免祸从口出。

因此,"叮咛去楫来桡客,慎守金缄效吉人"这两句诗用通俗的话来表达,可以这样说:"从拱宸桥下经过的人们啊,我要反复提醒你们,要牢记三缄其口之美德,要多向善良又急公好义的人们(吉人)学习。"在这首诗中,"吉人",就是指历次修造拱宸桥过程中有善举的那些人,丁丙在自注里除了提到王晫之父,也将主要的一些人罗列了出来:明末商人夏木江、举人祝华封,清代段志熙、李卫、徐潮、龚翔麟、章藻功、孔巨卿、王采臣、茅瀚、方外谛辉大师、浮木大师。甚至,在《北郭诗帐》中,他还专门为茅瀚的善举写了一首诗,其中两句为"桥复拱宸全地脉,茅翁善行满关河"。因杭州有北新关,所以,此处运河又称为"关河"。

造桥修路,历来是中国传统文化中倡导的善行义举,所以不难理解丁丙希望世人都能"效吉人"的用意。但为什么经过拱宸桥得"慎守金缄"?

丁丙在这首诗的自注中引陈文述之语说:"拱宸桥一称哑巴桥,相传过桥不宜启口。"

拱宸桥又叫哑巴桥,过桥要闭嘴的说法,不止出现于丁丙和陈文述笔下。

清代魏标亦有诗言及:

出关路记水程遥,诗卷携将慰寂寥。
船尾舵师通暗语,前头已近拱宸桥。
——《湖墅杂诗》之一

这首诗写的是从湖墅登船,出北新关之后,不一会儿就能到拱宸桥,这时在船尾的船夫就会用暗语告知船客:拱宸桥快到了,请不要说话哦!

丁立中也有一首《拱宸桥噤口》:

北新关外五里遥,三十六丈拱宸桥。
来樯去橹桥下走,长年摇手客闭口。
默尔相对意云何,江湖走老禁忌多。
不问出门与归里,但愿人人学桃李。

此诗前两句,一讲北新关和拱宸桥的距离,二讲拱宸桥的规模。"来樯去橹"和前述"去楫来桡"之意是一样的。"长年摇手"与舵师的暗语，目的也是一样的。所谓"人人学桃李"，出自"桃李不言，下自成蹊"的典故。"学桃李"和"效吉人"，丁立中与其父丁丙的用意也是一样的。

钟毓龙《说杭州》也讲到拱宸桥："昔时俗称哑巴桥，云船过其下时戒言语，否则即瘖。"瘖，就是得了不能说话的病。这句话的意思是，经过拱宸桥的时候如果说话，人就会变成哑巴。

俞樾《自苏至杭杂诗》也讲道，杭州拱宸桥、德清大虹桥、湖州潮音桥合称为浙江三座哑子桥，"舟过桥下，不能说话。儿童犯之，用毛纸擦嘴巴，以示惩罚，化凶为吉"。

过拱宸桥不能说话的这一民俗，不知起源于何时，但可能与拱宸桥是清门发源地有关。

因为哑巴桥也作为代号出现在清门的隐语中。例如：

问：三祖铁锚各镇何处？

答：长房翁祖铁锚镇守天妃闸，次房钱祖铁锚镇守苏州府，本房潘祖铁锚镇守哑巴桥。

问：老大从何处起纤，经过何处，去的何处？

答：好说，过状元街，出武林门，走的哑巴桥……杭州府，家庙起纤。

问：你贵庵？

答：敝庵黄氏庵，宫门寺，我家祖师爷在浙江杭州府，武林门外哑巴桥。前有青龙山，后有龙潭寺，左有宝华山，右有聚岭，那是敝庵。

清门，也称漕帮、粮米帮、安清帮、清帮、青帮。据说清门的潘祖，原籍在拱宸桥（一说松江人），其夫人也是拱宸桥人氏。潘祖籍贯虽有不同说法，但青帮家庙、三祖墓都在拱宸桥则是公认。

潘祖名清，与翁岩、钱坚并称三祖。有一年，陆逵外出云游，到拱宸桥附近的刘氏庵讲经说法，翁、钱、潘三人得到消息后，便赶来拜他为师，后又到五台山追随陆逵。"三祖"学成后回到杭州，在拱宸桥西各建一庵。

北新关外拱宸桥至谢村，历来为粮船停泊的地方，所以三祖在这里建庵传道，香火十分旺盛。皈教水手日益增多，庵堂也不断增加，渐成秘密会社。这些庵堂外，另置有田地，一来可资守庵人日用，二则可作为水手身故的义冢之处。这些庵堂不仅是漕运水手的基本生活场所，也是他们精神信仰生活的寄托。再后来，翁、钱二祖北上通州设教，潘祖留杭州，自此运河沿线皆有青帮庵堂，声势日大。汉人水手的团结，引起清廷不满。

雍正五年（1727）十一月十八日，浙"江巡抚李卫在奏折上说他经过察访，发现浙帮水手多奉罗教，北新关外拱宸桥一带，散落着许多庵堂，据说这些庵堂在以前有七十二所，至此尚有三十多所。这些庵堂看起来和别的庵堂无异，但每年冬天粮船回空，来自各地的闲散水手都寄寓各庵。考虑到如果全部拆毁，则这些来自各省的水手回空时将无所依归，既可能影响社会治安，更可能导致来年漕粮运输时劳动力匮乏。所以李卫建议只下令毁去罗经罗像，禁止再称罗教，并派兵严加巡防。

潘祖读书处

然而，到了乾隆三十三年（1768），清门就没有这么幸运了。

乾隆三十三年，江苏在审办无为教的时候，有犯人供出浙江杭州有钱庵、翁庵、潘庵，也是罗教。浙江当局顺藤摸瓜，发现杭州拱宸桥地方的清门庵堂尚存二十二座。乾隆得奏之后，下令尽行拆毁。罗经罗像被查抄送到北京，一大批清门人被治罪。

经过拱宸桥不能讲话，就记载这一民俗的史料而言，目前可见的最早资料是陈文述之语，而陈文述生于乾隆三十六年（1771）。因此，拱宸桥之所以被称为哑巴桥，很可能是在乾隆三十三年之后，也就是清门遭遇大劫之后。换言之，由于清廷的禁令和抓捕，清门势力大受打击，而为了本帮能够继续生存下去，所以用"哑巴桥"代替"拱宸桥"，隐指家庙和三祖墓所在地。当然这只是一种推测。

但是，拱宸桥与清门的关系，在清门的秘密文献中是存在的。

据《清门考源》载，二司殿即清门家庙旧址，也是潘祖在世时候的住宅。1912年，上海共进会及青帮中人曾倡议捐款重修家庙，可惜未果。而在桥西原民国浙江水上公安局后面，则分布着翁、潘二祖之墓。潘祖墓正对着浙江水上公安局后门，周围有古树四棵，与南面的翁祖墓隔着一条马路。翁祖墓前有一石亭，石亭内有双碑，故称为"双碑亭"，双碑一为粮米帮各帮弟子捐助建庙修墓人名录，一为兴帮行运之纪事。翁祖墓再往南，即二司殿后面（大致在今小河路西面），便是钱祖墓，墓前有古树三棵。

钱祖古墓

双碑亭

民国时期,常有帮众到拱宸桥西三祖墓祭奠。《清门考源》中,三祖墓均有照片。抗战结束后,卫大法师曾托人到拱宸桥西实地调查,然而只找到了潘祖墓。据卫大法师《帮》中所绘之图,潘祖墓在同和里正西不远处。在《帮》中,卫大法师还讲道,乾隆五十八年(1793)十月,青帮中人建了围墙将翁祖墓及四周的大树林围起来,用含糊的字样刻了块《重修翁祖林靠》碑。民国时期,二司殿内有四棵大树,其中一棵树身为空,这块碑就在这棵空树里。而其中另一棵树上,则嵌着一块刻写着人名(字迹模糊不可识别)、落款为道光十六年(1836)的碑。

清门在拱宸桥西,除了曾有过有二司殿、三祖墓,还有大王庙。清门祀奉的水神,也是金龙四大王。桥西的大王庙在清代时也是粮帮总公所的办公地点。每逢会期,农民、米商、船户及附近商民集资演戏,香火特盛,清门中也会有人不远千里赶会敬香。民国时期,大王庙原址成了浙江水上公安局。

桥西直街旧影

二司殿的原址,在桥西直街南端连通港河南侧,东近运河西岸,西至小河路。在二司殿的东南端,旧有一条南北走向的小路,这条小路连着桥西直街,叫天香弄。这条弄之所以如此称呼,很可能也与清门家庙在此地有关。传统社会中,常以天地人为序做排列,所以天香或可简单地解释为第一香、最高香——正与家庙在清门中的崇高地位相应。

总而言之,拱宸桥一带是清门的发源地和根据地,时光中游弋着的直接或间接的文化材料也为充满迷人魅力的此地增添了神秘的气息。

通商场：武林山色自东来的喟叹

清光绪二十年（1894）春，朝鲜爆发农民起义，请求宗主国清政府出兵帮助平乱，日本亦借机向朝鲜派军。在英俄参与的国际调停无效、日本步步进逼诱战、光绪帝意气用事等因素共同作用下，8月1日，中日两国正式宣战。此后八个月时间里，战场从朝鲜半岛打到中国境内，发生了平壤之战、黄海海战、鸭绿江江防之战、金旅之战、辽东之战、威海卫之战。1895年2月17日，

山色自东来

日军在威海刘公岛登陆，北洋舰队全军覆没。战败的清政府被迫议和，4月17日，中日《马关条约》签订。至此，国势衰微的中国，再次成了列强疯狂瓜分的对象。

这样的结局，对年轻的光绪帝而言，显然是痛苦的。当代张宏杰先生评价其：本想为国雪耻，却一败涂地，给民族新增巨大灾难；本想在太后面前证明自己的执政能力，却使全世界见识了自己的无能。病榻上的他，反复思考着未来的出路。紫禁城外，举人们的呼声凝结成一个个署名。就在这一年的四月，以"公车上书"为标志，揭开了"戊戌变法"的序幕。

"戊戌变法"中，除了康为有、梁启超和戊戌六君子谭嗣同等人之外，还有一个关键人物：宋伯鲁。他组织"关学会"，宣传维新思想，提出变革政治制度、改革科举制度、设立时务官报等建议，并用他的"言官"（御史）身份，多次代康有为上变法奏章，荐保康、梁等维新人士。据汤志钧《戊戌奏稿辑目》载，从1898年3月到9月，康有为、宋伯鲁起草的奏章就有九份。宋伯鲁也因而成为"帝党和维新派结合之枢纽"，被梁启超称为"屡上奏定国是、废八股、劾奸党、言诸新政最多"的帝党人物。

宋伯鲁，字子钝、芝栋，陕西礼泉人。其幼年失怙，辗转陕西各地求学，经过多年苦读，于同治十年（1871）中秀才，光绪十二年（1886）中进士，入翰林院，光绪二十年（1894）七月典试山东。

中日甲午战争期间，宋伯鲁一方面忙于考察大运河水系、研究治水方略，另一方面对战局也十分关注。其《积潦艰于行》写道："去岁议蠲振，今年输帑金。好生本帝德，胡为渝初心。"甲午七月中日开战之后，由于战事不利，慈禧为牵制一力主战、屡战屡败的光绪帝，于九月重新启用恭亲王奕䜣。恭亲王复出后,即以总理衙门名义,向各国驻华使节呼吁,请求列强出面调停中日争端。英国方面给出的方案是,以各国保护朝鲜、中国赔偿日本军费为条件,由英国出面以"联合仲裁"的方式进行调停。对此方案,朝野意见纷纭,有同意者,也有不同意者。"今年输帑金"所指,或即为此事。

同当时的许多士大夫一样,宋伯鲁也经历了从希望到失望的过程。当听到家乡的部队开到京城,他感到胜利在望:"秦兵奋迅如风云,鹘眼尚书真冠军。飞身生取平秀吉,海上壁组何纷纷。"(《喜关陇兵集京师简董星五提戎》)然而,在《长句送陈竹香前辈之官武林》中,他则明显地表达了对时局的失望:"鸭绿江边尚苦战,腥风吹断空城莽。……投笔挽强各纷纭,一麾聊作西湖长。……我今尚做浴堂客,无补于时徒肮脏。匣里宝刀气如虹,中宵怒作霆雷响。"诸如此类文字,皆不难想见宋伯鲁以天下为己任、忧国忧民,在外患日逼、国势危急情况下想为国家寻找维新之法、自强之道的愿望乃极其浓烈。

然而,戊戌变法最终只维持了一百零三天便宣告失败,康有为、梁启超逃往国外避难,谭嗣同等戊戌六君子被杀,慈禧太后亲自下谕,指斥宋伯鲁"滥保匪人,平素声名恶劣",着将其革职拿问,永不叙用。幸好事先获得消息,宋伯鲁才得以携带家眷,逃亡上海,剪去辫子,穿上西服,改名赵体仁、赵善夫。因此有人做拆字联讽刺他:"伯氏吹吹灭圣道,鲁一变变成洋人。"光绪二十八年(1902),宋伯鲁自沪回陕,陕西巡抚允升等人闻之,即视为紧要事,指斥其"素不安分,惯事招摇",罪在康有为之下,杨深秀之上,奏请将宋氏永远监禁。光绪三十年(1904)六月,在各方营救及恰逢慈禧寿辰下旨开赦戊戌牵涉人员等机遇中,宋伯鲁得以获释，闲居礼泉。翌年秋天，伊犁将军长庚因钦敬宋伯鲁学识，邀其赴新疆辅治。

宋伯鲁一生留下来的纪行和写景诗作，几乎占其总量的一半。而其《拱宸桥夕发》，则不知因何被以讹传讹，当作是写杭州运河上之拱宸桥的诗，而被收入当代一些为展现运河文化而汇编的诗集中，如《大运河古诗词三百首》《杭州运河诗词选释》等。

倘若我们翻开上举两本书，将看到《拱宸桥夕发》是这样写的：

> 树映陂塘雪映帘，三年留滞岂终淹。
> 故人已似沈沈夥，好句争传昔昔盐。
> 流水马声双槛外，夕阳塔影两山尖。
> 归期未筮翻西去，愁绝河桥翠柳纤。

然而，如果翻开宋伯鲁的《海棠仙馆诗集》，则可看到诗题下有一行自注："四月十三日赴伊犁。"宣统元年（1909），宋伯鲁自迪化（今乌鲁木齐）赴伊犁，途中作有《拱宸桥夕发》《昌吉县道中》《呼图壁道中》《乌兰乌苏道中》《奎屯道中》《晶河道中》《赛里木淖尔》《果子沟道中》等诗，均收入《海棠仙馆诗集》卷十四《西征录》。

宋伯鲁于光绪三十二年（1906）三月二十二日从礼泉出发，九月二十五日抵达新疆迪化——因时任新疆布政使的王树枏极力挽留而居迪化参与纂修《新疆建置志》——至此番从迪化赴伊犁长庚幕府，恰好三年。正合诗中所云"三年留滞"。伊犁在迪化之西，"归期未筮翻西去"一句，表达的就是他不知何时才能返回故乡礼泉，却不得不前往离家乡更远的伊犁的经历和心境。

据浩明（刘向阳）《乌鲁木齐诗话》载，迪化拱宸桥，又称巩宁桥、红桥，俗称西大桥。陂塘，则指关湖，即今鉴湖。夕阳中的两座塔，分别位于红山和雅玛里克山，为清乾隆五十三年（1788）督统尚安所建。"夕阳塔影两山尖"，亦可从别处获得印证。李根源（字雪生，曾任云南陆军讲武堂总办）到乌鲁木齐游鉴湖时，赋有一诗云：

春满野亭花满湖，夕阳塔影望模糊。
晓岚遗迹景洲笔，文采风流怀此都。

京杭大运河南端的杭州拱宸桥，其构也宏矣，其名也盛且久矣。这是一座几乎符合巴赫的螃蟹卡农特征，在城市地理、文脉、象征等方面同样有多声部意义的桥梁。也早已不仅仅是一座桥梁，而是片区，乃至杭城北部的代名词。正因为如此，在某些时段里，人们误以为所谓的"拱宸桥"指的都是它，实则世间有过的拱宸桥，非此一座。

实际上，中国历史上有桥叫作"拱宸"的，并非只有杭州拱宸桥。山东兖州、江苏徐州、广东东莞、四川成都、上海青浦，以及江西的大余、九江、鄱阳等地，都有过名为"拱宸"的桥梁。

宋伯鲁《拱宸桥夕发》非为杭州拱宸桥而作，却有另一位清代人物以几乎相同的题目写过杭州拱宸桥。此人便是陈章，字授衣，生于1696年，杭州人，寓居扬州。其《孟晋斋诗集》卷三《晚发拱宸桥》是这样写的：

催发桥边棹，行行避郁蒸。
乘风人向北，隔树月东升。
渔艇烟中笛，田家水面灯。

不愁唇吻渴，沿路摘红菱。

而在《海棠仙馆诗集》里，宋伯鲁除了写迪化巩宁桥的这首《拱宸桥夕发》，还的确写过杭州拱宸桥，诗题径称《拱宸桥》。这两首拱宸桥诗，仅从诗题下的作者自注，便可知写的不是同一个地方。写杭州拱宸桥的诗，被收在《海棠仙馆诗集》卷十《南游三集》，诗题自注："距杭省二十里，日本开租界于此。"诗云：

笙歌处处好楼台，十里洋场蓦地开。
试上拱宸桥上望，武林山色自东来。

鸦片战争以后，当帝国主义用坚船利炮打开中国传统社会自以为牢固实则不堪一击的大门后，中国就诞生了一种产物——租界，即在中国领土内划出一定的区域，作为外国侨民居留和经商的特区。宋伯鲁避难上海期间，曾于光绪二十六年（1900）四月起游历杭州、绍兴、苏州，往返四十日，写诗七十余首，《拱宸桥》乃其中之一。

宋伯鲁《拱宸桥》一诗中的"武林山"，指的就是西湖群山。从方位上来说，站在拱宸桥上望，武林诸山在南面。可诗中为何却说"山色自东来"，而非"山色自南来"？除了传统文化意义上的紫气东来、旭日东升的文化内涵之外，如果说，其中还有另一层意思，即他同时也在感叹杭州已成为日本人势力渗透下的城市，当不算武断。

因为，拱宸桥的开埠，就是受中日甲午战争直接影响的结果之一。《马关条约》中要求中国新增开放的四个城市之中就有杭州。围绕杭州开埠的事情，中日双方的争议有两个方面：其一，地点设立在何处，四至范围如何；其二，究竟是设立通商场还是设立租界。

第一个方面的问题,关于租界设在何处,起初日本提出要设在涌金门外的西湖边,后又提出设立在大关桥一带,但浙江官员一面力拒,一面加紧拱宸桥地区的建设,如自辟马路,修筑海关楼,设立巡捕房,同时加速推进建立宁波式的通商场等。

第二个方面的问题,关于设立的名称性质。当时外国侵占中国领土主要有两种方式:第一种是类似上海与广州的租界模式,即划出区域,交由外国人租用,在租界内,外国有行政、司法、征税等权力,中国的行政和法律系统对其无效;第二种是类似宁波的外国人居留地模式,即外国人虽租了土地,具有一定特权,但它只是通商场,各项权力仍由中国自主。光绪二十二年八月二十一日(1896年9月27日),经过艰难的谈判,中日双方代表正式签订了《杭州塞德尔门原议日本租界章程》。照此章程,租界内仍由中国政府管理,市政工程也由中国政府自办,巡捕房由中国政府会同海关税务司设立,日本驻杭领事对该地区有部分行政事务的管理权。至此,貌似清政府在此问题上胜了一筹,然而,日本政府并没有批准这个章程,双方只能重新谈判。谈判的结果是浙江官员为抵制设立日本专管租界的努力打了水漂儿——光绪二十三年四月十二日(1897年5月13日),中日双方代表在杭州重新签订了开辟杭州日租界的章程《杭州日本租界续议章程》和《通商场租地章程五款》,原议章程被废除。换言之,就是双方谈判的第一个结果是设立宁波模式的通商场,但日本政府不同意,重新谈判之后,日本在杭州设立了沪粤式的租界。而英美意等国则根据所谓的"利益均沾"原则,在日租界的南面提出设立通商场的要求。于是,南北约从今登云大桥至瓦窑头,西至运河、东至红建河的方形地面范围,以湖州街为界,北为日租界,南为通商场。

杭州开埠后，拱宸桥有可能像上海那样"洋泾浜化"，成为许多商人心中的"发财梦"。于是，商人们纷纷到拱宸桥投资，以至于这里的许多建筑群（包括茶馆、戏院）和里弄名称都与上海叫法相似，例如福海里、丹桂茶园、天仙茶园等。更有甚者，干脆就把这里称为"小上海"。此中不仅有华商、日商，也有欧洲商人，例如英国商人司点文生就在拱宸桥东开了阳春茶园。拱宸桥热火朝天的景象，客观上带动了杭城经济的发展。据当时一些报纸报道，杭州开埠通商之后，各国洋人咸来杭开设洋行，创立公司，例如美商永安保险公司，新赉赐洋行马勒公司，以及经营高丽参、次等参、土参、白丝等的外国企业。

然而，日本人对其租界并未进行开发，而是在通商场发展其势力。光绪三十二年（1906），日本名流宇野哲人到中国游历，记录了当时杭州日租界的萧条："拱宸桥在杭州城北约二里处，往上海、往苏州之汽船在此发着。中国街之次，有各国租界；再次，河之下游，有我国专管之租界。……仅有大东公司之职员宿舍及仓库、

拱宸桥日租界西南角

通商场：武林山色自东来的喟叹

从拱宸桥上眺望各国通商场

邮电局、警察署，寂寞无邻，立于原野之中。原野中有供在杭日本人游乐之网球场，而道路尚未开通。有时甚至在我租界内可捕得野鸡。"他感叹道："我租界之位置，虽较苏州为便，然其寂寞凋零，一如苏州。"

因此，如果说要给宋伯鲁诗中"笙歌处处好楼台，十里洋场蓦地开"划定一个大致的范围，那么他说的，实际上是各国通商场，即登云大桥至湖州街沿运河一带。而"十里洋场"与当时人称拱宸桥为"小上海"之意，如出一辙。

个中况味，也可从陈蝶仙的《拱宸桥竹枝词》中领略一二。例如《天仙阳春戏馆》："洋街两面沸笙歌，戏馆茶园逐渐多。国忌如今都不禁，日间弹唱夜开锣。"再如《通商场》："画阁沿街屋比邻，四夷来服尽称臣。洋场未必非皇土，号令如何听外人。"这样的景况，对于爱国精英而言，无疑是痛苦而耻辱的。自从甲午战败之后，拱宸桥畔的运河，就如陈蝶仙所言："如今水亦分中外。"

站在拱宸桥上的宋伯鲁,他的思绪是纷繁的,心情是复杂的,也难免情不自禁地又想到他所经历的中日甲午战争和戊戌变法的历史进程及政治漩涡。

此番南游,宋伯鲁从上海出发,乘内河轮船经嘉兴来到杭州,游历了西湖及周边名胜后,渡过钱塘江前往绍兴,复回杭州,再从拱宸桥乘船至苏州。《拱宸桥》一诗不是写在其初到杭州之际,而是写在其将离杭州前往苏州之际,结合其《留别西湖》里写的"此去便为南郭隐,再来应带北山云"一句,或许他是有意想回避租界这个话题。这是中国传统文人在报国无门,无法实现政治抱负时的一个共性:萌生退隐之意。

因此,尽管他再次到拱宸桥,在看到租界与通商场的种种境况之后依然写下《拱宸桥》,却仍然以西湖的

见证了无数沧桑沉浮的拱宸桥

山水作为参照物。在没有钢筋水泥构筑而成高楼大厦的时代,站在拱宸桥上看见西湖群山,不成问题。杭州城区地势南高北低,旧有俚语"武林门门槛平于拱宸桥桥面"。宋伯鲁《拱宸桥》诗末自注:"西湖诸山从背后望之,愈觉苍秀。"其言下之意,看似在说西湖群山的背影更好看,而最佳观赏地方在拱宸桥上,实则恐非如此简单。

首先,"武林"一词不仅关乎山水,还关乎国家。

武林,始见于《汉书·地理志》,后成为杭州代名词之一。武林门,是杭州城的北大门,吴越国时称北关门,宋称余杭门,明代改称武林门。武林山水,至迟自南宋林升的《题临安邸》开始,就成为国家兴亡在文人笔墨里的象征意象。武林门,也因此较之杭州的其他城门,多了一层政治意义,多了几分家国情怀。明《成化杭州府志》:"以朝廷恩泽自北而来,由此门入,示洁扫以奉尊也。"因此,民间又称其为百官门。湖墅一带,历来为鱼市交易中心,因而有"百官门外鱼担儿"之谚。又有俚语:"杭州十头城门九头歪,只有武林门是正的,因为武林门出过状元。"杭州清代出过五位状元,其中三位出自武林门外旧称"十里湖墅"的地方,一位出自武林门内。而在近代,十里湖墅正是以武林门为南界,以拱宸桥为北界。

其次,诚如前文所言,他有退隐之意,而西湖上有过林和靖,治愈过白香山、苏东坡的宦伤。宋伯鲁也写下了对西湖的表白诗句:"林峦胜处都无价,风月佳时总忆君。"然而,他却又是如此纠结与彷徨:"段家桥畔重回首,暮雨疏钟不忍闻。"是啊,作为维新人物中的积极者,山川之美越是闻多了,就越无法不想到弱国之耻。

因而，读宋伯鲁的《拱宸桥》，我认为"笙歌处处好楼台，十里洋场暮地开"与"试上拱宸桥上望，武林山色自东来"，正是完整之中国与列强瓜分之中国的不同历史语境的对比，是国强与国弱的不同社会面貌的对照，更是当时寻求救国出路的精英知识分子们心中之痛苦的写照。

从宋伯鲁的《拱宸桥》诗延伸去读，则可见杭州那座有形的城门在甲午战争之后，已被拱宸桥替代。这是内河航运中的码头地位带来的。所以，必须为此做一个界定，即从水路而言，随着杭州城市的发展，到了清代，具有城市象征意义的迎接百官和尊贵客人的城市地标，武林门渐由拱宸桥取代，若来的是大官，还会在拱宸桥边鸣炮致敬。如果是从进入城市来说，那么武林门的地位自然是拱宸桥无法取代的。它们堪称杭州城北迎宾地标的双子星。

参考文献

1. 〔梁〕沈约：《宋书》，中华书局，2000年。
2. 〔唐〕李延寿：《南史》，中华书局，2000年。
3. 〔明〕王夫之：《古诗评选》，《船山全集》第14册，岳麓书社，2011年。
4. 〔唐〕白居易：《白居易诗集校注》，谢思炜校注，中华书局，2006年。
5. 〔宋〕王象之：《舆地纪胜》，赵一生点校，浙江古籍出版社，2013年。
6. 〔元〕脱脱等：《宋史》，中华书局，1977年。
7. 〔宋〕欧阳修：《欧阳修全集》，李逸安点校，中华书局，2001年。
8. 〔宋〕苏轼撰，〔清〕王文诰辑注：《苏轼诗集》，孔凡礼点校，中华书局，1982年。
9. 〔宋〕陆游：《陆游集》，中华书局，1976年。
10. 〔宋〕范成大：《范成大集》，辛更儒点校，中华书局，2020年。
11. 〔宋〕杨万里：《杨万里集笺校》，辛更儒笺校，中华书局，2007年。
12. 〔宋〕吴自牧：《梦粱录》，《知不足斋丛书》本。
13. 〔宋〕姜夔：《白石道人诗集》，《丛书集成初编》本。
14. 〔宋〕文天祥：《文天祥诗集校笺》，刘文源校笺，中华书局，2017年。

15. 丁功谊、李仁生：《文天祥年谱》，江西人民出版社，2016年。

16.〔清〕陈文述：《西泠怀古集》，《武林掌故丛编》本。

17.〔明〕朱国祯：《涌幢小品》，江苏广陵古籍刻印社，1983年。

18.〔明〕周清原：《西湖二集》，《古本小说集成》本。

19.〔清〕仲学辂：《金龙四大王祠墓录》，《武林掌故丛编》本。

20.〔清〕丁丙：《三塘渔唱》，《武林掌故丛编》本。

21.〔清〕丁丙：《北郭诗帐》，《武林掌故丛编》本。

22.〔清〕魏标：《湖墅杂诗》，《武林掌故丛编》本。

23.〔明〕郎瑛：《七修类稿》，《续修四库全书》一一二三·子部·杂家类，上海古籍出版社，2002年。

24.〔明〕邹迪光：《调象庵稿》，明万历刻本。

25.〔清〕吴颖芳等：《西泠五布衣遗著》，浙江古籍出版社，2015年。

26. 洪大容：《湛轩书·内集》，影印本。

27. 陈思晗：《康熙、乾隆南巡诗比较研究》，扬州大学硕士学位论文，2019年。

28.〔清〕王同：《唐栖志》，《中国地方志集成·乡镇志专辑》第18册，上海书店，1992年。

29. 李雷主编：《清代闺阁诗集萃编》，中华书局，2015年。

30.〔清〕沈善宝：《名媛诗话》，清光绪鸿雪楼刻本。

31. 丁立诚：《武林杂事诗》，《武林掌故丛编》本。

32. 卫大法师编辑：《帮》，《民国丛书》第四编，上海书店，1947年。

33. 宋伯鲁：《海棠仙馆诗集》，书林书局，1924年。

34. 任轩：《遇见——一个人的大运河》，杭州出版社，2019年。

丛书编辑部

艾晓静　包可汗　安蓉泉　李方存　杨　流
杨海燕　肖华燕　吴云倩　何晓原　张美虎
陈　波　陈炯磊　尚佐文　周小忠　胡征宇
姜青青　钱登科　郭泰鸿　陶文杰　潘韶京
（按姓氏笔画排序）

特别鸣谢

王其煌　邵　群　洪尚之　张慧琴（系列专家组）
魏皓奔　赵一新　孙玉卿（综合专家组）
夏　烈　陈歆耕（文艺评论家审读组）

供图单位和图片作者

拱宸书院

任　轩　张国栋　张闻涛　郑从礼　钟　鸣
鲁　南（按姓氏笔画排序）